PAROLA
PER PAROLA

New Advanced Vocabulary

D1642548

TONY GIOVANAZZI

Hodder Murray

A MEMBER OF THE HODDER HEADLINE GROUP

Although every effort has been made to ensure that website addresses are correct at time of going to press, Hodder Murray cannot be held responsible for the content of any website mentioned in this book. It is sometimes possible to find a relocated web page by typing in the address of the home page for a website in the URL window of your browser.

Hodder Headline's policy is to use papers that are natural, renewable and recyclable products and made from wood grown in sustainable forests. The logging and manufacturing processes are expected to conform to the environmental regulations of the country of origin.

Orders: please contact Bookpoint Ltd, 130 Milton Park, Abingdon, Oxon OX14 4SB. Telephone: (44) 01235 827720. Fax: (44) 01235 400454. Lines are open 9.00–5.00, Monday to Saturday, with a 24-hour message answering service. Visit our website at www.hoddereducation.co.uk

© Tony Giovanazzi
First published in 2006 by
Hodder Murray, an imprint of Hodder Education,
a member of the Hodder Headline Group
338 Euston Road
London NW1 3BH

Impression number 10 9 8 7 6 5 4 3 2 1
Year   2010 2009 2008 2007 2006

Cover photo © Jim Zucherman/CORBIS
Typeset by Transet Limited, Coventry, England.
Printed in Great Britain for Hodder Murray, an imprint of Hodder Education, a division of Hodder Headline, 338 Euston Road, London NW1 3BH, by Cox & Wyman Ltd, Reading, Berkshire.

A catalogue record for this title is available from the British Library

ISBN-10: 0340 915 234
ISBN-13: 978 0340 915 233

Introduction

People learn Italian in many different ways, for different reasons and to various levels. All share a wish to be able to read with comfort about things that interest them, to carry on conversations beyond the halting basics, and to write in a manner appropriate to their purposes. The examination syllabuses that underpin this book are designed to help students achieve these aims, and in doing so they in fact provide a basis for anyone interested in the language.

The book is divided into topic areas. Although these topic areas correspond to those currently listed in the GCSE AS and A level syllabuses for England and Wales, they form in effect a comprehensive sweep of areas of life which are of interest to any student of the language, with or without specific examination aims.

Each topic area opens with a section listing a range of basic expressions set in a grey box, followed by some simple writing and conversation structures and phrases, and finally by a section showing the use of more advanced structures, the latter printed in **bold** type. In most cases different ways are shown of expressing the same idea, so that the student can begin to have more variety in using the language. Many of the examples of language in use are linked together in a short running context. This can help to give an idea of how an argument or narrative can be structured, in styles than may vary from the conversational to the official.

Translating from one language into another is very rarely a matter of substituting word for word. We have ways of expressing ourselves which can only go into another language by using different forms of words, and often words which look the same in both languages turn out to mean something different. It will be clear from this book that very often phrases are given natural equivalents rather than word for word translation, although sometimes the literal version is shown in order to make the structure clearer.

It is a matter of experience that phrases occurring in a memorable context have a greater chance of sticking than words from a list. It helps too if the context, however serious, is not doggedly solemn.

The traditional methods of learning vocabulary have withstood the tests of time and tedium, and so bear repeating:

* little and often
* cover the foreign language side, then the English side
* do a random check next time you open the book
* put a cross beside every item you look up, and when you get to the third cross against the item learn it – it's clearly becoming common.

Add to the above something that has been called 'inner chuntering'. This is simply thinking of expressions as you go about daily life, for example on a bus or a train, someone getting on or off, someone chatting, having a row or a laugh, the weather outside, should I go, should I stay etc., almost like making up an internal monologue. A mental note when you get stuck should send you to the appropriate topic area section and then the learning starts to make sense in reality.

Then there is reading. Browsing among magazines and newspapers, taking in headlines and reading things of your own particular interest is a sure way of expanding your own passive vocabulary. A good passive vocabulary, where the words are recognised but not always called to mind to use, is of huge importance in language learning, for it gives confidence and leads on to a widening of the active language you can use. Today a great range of publications can be called up online and dipped into. A number of these are indicated in the course of this book. One example which covers a very wide range of interesting articles on all aspects of Italian life is: www.qui-italia.it – an internet publication of the Istituto Culturale per gli Italiani nel Mondo.

Note on pronunciation

Most Italian words have the stress on the penultimate syllable. Some words have the stress on the last syllable. Where these end in a vowel the stress is marked by an accent over the vowel. Where they end in a consonant it is almost always a shortened form of a verb and keeps the stress in the same place as the original (*cantar/cantare*). However, many Italian words have the stress on other syllables, and there is no way of telling from looking at them – any more than we can distinguish 'entrance' (way in) from 'entrance' (to charm). In words like these the stressed syllable is underlined in this book – as a guide only ... not to be transcribed.

Tony Giovanazzi OBE
Chevalier dans l'Ordre des Palmes Académiques (France);
Cavaliere nell'Ordine al Merito della Repubblica (Italy).

Contents

1 Come dire?

1.1 Per incominciare

To begin with

primo (secondo, terzo ecc.)	first, firstly (second, third etc.)
in primo (secondo, terzo ecc.) luogo	in the first (second, third etc.) place
per incominciare per iniziare	to begin with
al/in principio all'inizio inizialmente	at the beginning
prima di iniziare	before beginning
prima di tutto innanzitutto	first of all
soprattutto	first of all; above all
fin dall'inizio fin dal principio	straightaway, from/at the outset
dopo, poi dopo	then, next
in seguito, successivamente	next, following on
per continuare	to continue
dopodiché	afterwards; after which
inoltre, peraltro	moreover
per di più	in addition
anche	also, as well
oppure	or, or else

cominciamo col considerare...	let's start by considering...
innanzitutto diciamo che...	first of all let's say that...
prima di entrare nell'argomento nel discorso	before getting into the subject
prima di affrontare il tema il problema la questione	before tackling the theme the problem the question
vorrei dire fin dall'inizio	I would like to say straightaway

alcune considerazioni prima di addentrarci nell'argomento	a few thoughts before getting into the subject
prima di iniziare occorre sgombrare (sgomberare) il terreno	before beginning we should clear the ground
senza preamboli	without preamble/beating about the bush

1

poi dopo, in seguito, faremo un'analisi della situazione	and then, following that, we'll do an analysis of the situation
dopodiché potremo trarre delle conclusioni	after which we will be able to draw some conclusions
oppure no – chi lo sa?	or not – who knows?

1.2 Domande e risposte — Questions and answers

perché?	why?
perché (+ subj)	so that
a quale scopo? a che scopo?	for what purpose? why?
per quale ragione/motivo?	for what reason? why?
come mai?	how come?
chiedere, domandare	to ask
chiedersi, domandarsi	to wonder, ask oneself
porre/fare una domanda	to ask a question
perché	because
poiché	since, because
a causa di	because of
per	because of; by; out of
per carità, per l'amor di Dio	for pity's sake! please!
per favore, per piacere, per cortesia	please
dato che...	given that...
visto che...	seeing that; since; seeing as how...
giacché	since, because
quindi	so, therefore
perciò	therefore
così	and so, thus, therefore

bisogna chiedere perché per quale ragione	one has to ask why for what reason
occorre chiederci	we have to ask ourselves
per una ragione o per un'altra	for one reason or another
lo ha fatto senza motivo senza ragione	he did it for no reason
dice così perché non lo sa	he says that because he doesn't know
quindi/perciò forse non è vero	so maybe it's not true
poiché è un mio amico non dico niente	since he's a friend of mine I'm saying nothing

c'è da chiedersi il perché	one has to wonder why
ma siamo proprio sicuri?	but are we really sure?
la domanda va fatta (posta) in questi termini	the question has to be asked (put) in these terms
a che cosa servono queste domande?	what are these questions for?
a che scopo mi fa questa interrogazione?	to what end (why) are you interrogating me?
me lo fa perché tradisca i miei amici?	are you doing it to make me betray my friends (lit. so that I might etc.)
come mai potrebbe pensare una cosa simile?	however could you think such a thing?
come mai? ebbene, se non lo sa Lei...	how come? well, if you don't know...
poiché ha detto così, dobbiamo credergli	since he said that, we have to believe him
non è (ha) potuto venire per motivi familiari	he couldn't come for family reasons
quindi è rimasto a casa per quella ragione	so he stayed at home for that reason
giacché ci siamo...	since we're on the subject...
vorrei sapere il come e il perché	I would like to know the why's and wherefore's (lit. the how and why)
visto che non ne sappiamo niente...	seeing as how we know nothing about it...
dovremo perciò accontentarci	we'll therefore have to content ourselves
pazienza!	never mind! too bad! tough luck! etc.

1.3 Entrando nel discorso   Dealing with the subject

1.3.1 Per chiarire   To clarify

certo! certamente!	of course! certainly! sure!
indubbiamente! senza dubbio! senza alcun dubbio! }	undoubtedly! etc
è certo che, sicuro che...	certainly..., it's certain that...
in altre parole in altri termini }	in other words
per meglio dire	in other words, to put it another way
detto meglio	put another way

per precisare	to be exact
per essere più precisi	to be more precise
voglio dire	I mean (to say)
intendo (dire)	I mean

per spiegarmi (meglio)	to make myself clear
mi spiego (bene)?	do I make myself clear?
mi sono spiegato/spiegata?	have I made myself clear?
ha capito?	do you understand?
è chiaro?	is that clear?
è chiaro che...	it is clear that...
perché sia chiaro	to be clear (lit. so that it is clear)
per maggiore chiarezza	for greater clarity, to be clearer
mettere le cose in chiaro	to make things clear
aggiungiamo che...	In addition, let's add that...
in parole povere	in simple words, put simply
cerchiamo di puntualizzare	let's try to be precise
ripeto perché sia ben chiaro	I repeat to make it quite clear
ripeteva perché fosse ben chiaro	he repeated to make it quite clear
è doveroso considerare altri aspetti	one has to consider other aspects
la questione va analizzata	the issue has to be analysed
affermare con certezza	to state with certainty
teniamo presente che...	let's bear (keep) in mind that...
d'altra parte, d'altro canto	on the other hand
premesso che...	considering that...

1.3.2 Penso che...   I think that...

(io) credo che...	I think that...
secondo me	in my opinion
secondo me non è vero – anzi!	I don't think it's true – quite the opposite!
a mio parere	in my opinion
a mio avviso/giudizio	in my opinion/judgement
è mio avviso che...	it is my opinion that...
mi pare che... mi sembra che...	I think that..., it seems to me that...
punti di vista	points of view
pensare di sì/ pensare di no	to think so/to think not
essere d'accordo	to agree
non essere d'accordo	to disagree

essere contrario a...	to be against...
in disaccordo con...	to be in disagreement with...
l'accordo	agreement
il disaccordo	disagreement
essere in contrasto con...	to be opposed to...; at odds with
come non detto	forget it; forget I said that
detto fra noi	between ourselves
dal mio punto di vista	from my point of view
da parte mia	for my part
per quanto mi riguarda	as far as I'm concerned
non fa niente } non importa }	it doesn't matter
(a me) non m'importa	it doesn't matter to me

io dico che...	I say that..., I think that...
ritengo che...	I believe (reckon) that...
lo ritengo colpevole	I reckon he's guilty
lo credo onesto	I believe he's honest
questo mi ricorda...	that reminds me of...
mi viene in mente	I recall to mind, it comes to my mind
a me non m'importa per niente	it doesn't matter to me at all
fa lo stesso	it's all the same, it doesn't matter
per me è lo stesso	it's all the same to me
sotto tutti i punti di vista	from all points of view
la penso anch'io così/sono d'accordo	I think the same/I agree
sono dello stesso parere	I'm of the same opinion
fino a(d) un certo punto	up to a point
alcuni pensano che... } qualcuno pensa che... }	some people think that...
c'è chi pensa che....	there are some who think that...
l'opinione generale è che...	the general opinion is that...
un'opinione diffusa	a widely held view
il parere generale	the general opinion
è ormai accettato che...	it is now accepted that...
siamo d'accordo su questo punto	we are agreed on this point
mettiamoci d'accordo	let's agree
restiamo d'accordo così?	shall we take that as agreed?

francamente, la faccenda (la cosa) mi lascia indifferente	frankly, the business doesn't bother me one way or another/leaves me cold
per me fa lo stesso/mi è indifferente	it's all the same to me
non mi fa né caldo né freddo	it makes no difference to me
c'è chi la pensa diversamente	there are some who think differently
c'è chi non la pensa così	there are some who don't think the same/think otherwise
esiste un forte dissenso	there is strong disagreement/a strong body of opinion against
i pareri altrui vanno rispettati	other people's views have to be respected
fino a prova contraria	until proved otherwise
al contrario	on the contrary
al contrario di altre persone io penso che...	unlike other people I think that...
avete qualcosa in contrario?	have you anything against it?
non ho nulla in contrario	I have nothing against it
anche se non fossero opinioni condivise dalla maggioranza	even if they are not opinions shared by the majority
i numeri parlano chiaro, e la matematica non è un'opinione	the numbers speak clearly, and maths is not an opinion
l'opinione più diffusa è che...	the most widespread view is that...
i sondaggi più recenti dicono che...	the latest opinion polls say that...
l'opinione pubblica si è schierata contra la proposta di legge	public opinion has come out against the bill (proposed law)
ma non sembrerebbe un'opinione condivisa da tutti	but it would not appear to be a view shared by everyone
suscita una viva controversia	it raises (starts) a lively controversy
con punti di vista contrastanti	with contrasting points of view

1.4 Sviluppando il discorso — Developing the theme

1.4.1 Fatti — Facts

un fatto	a fact
un dato di fatto	a given fact
i dati, i dati di fatto	the data, given facts
si tratta di...	it's a question of...., it's about...
è lì il problema	that's where the problem lies
il punto centrale	the central point
il punto essenziale/fondamentale	the fundamental point

è vero che...	it is true that...
la verità è questa	the truth is this
per dire la verità	to tell the truth
rivelare la verità	to reveal the truth
svelare i segreti	to unveil (reveal) the secrets
sottolineare	to underline, emphasise
con ogni probabilità	in all probability
probabilmente	probably
accertare	to ascertain
verificare	to verify
constatare	to establish
i fatti sono questi	these are the facts
i fatti sono i seguenti	the facts are as follows
il caso	the case
nel caso specifico	in the particular (specific) case
in questo caso	in this case
in ogni caso/evento ⎫ ad ogni modo ⎭	in any case, at any rate
eppure	and yet
nel frattempo	in the meantime

ecco il punto ⎫ è questo il punto ⎭	this is the point
va detto che...	it has to be said that...
venire al sodo	to come to the point
veniamo ai fatti	let's get down to the facts
il fatto è che...	the fact is that...
prendiamo in considerazione	let's take into consideration
prendiamo il caso di...	let's take the case of...
figuriamoci che... ⎫ supponiamo che... ⎭	let's suppose that...
la verità sta nei dettagli	the truth is in the details
cambiare discorso	to change the subject
voltiamo pagina	let's turn the page/move on

il nocciolo della questione	the nub (kernel) of the problem
il nodo della faccenda	the crux of the matter
mettiamo il caso che...	let's suppose that...
occorre sottolineare che...	one must underline that...
è da sottolineare il fatto che...	the fact has to be emphasised that...

soffermiamoci un attimo su alcuni punti cardine	let us concentrate for moment on a few central points
vorrei soffermarmi su alcuni particolari	I would like to dwell on a few details
sarebbe opportuno dare uno sguardo/un'occhiata a...	it would be appropriate to take a look at...

7

vorrei ricordare alcuni dati di fatto	I would like to recall a few facts
a scanso di equivoci	to avoid any ambiguity
diciamo subito che...	let's say straightaway that...
nel peggiore dei casi	in the worst case scenario
nella migliore delle ipotesi	at best
nella peggiore delle ipotesi	at worst, if the worst comes to the worst
ammesso e non concesso che sia vero	let's suppose for argument's sake that it's true
se dovesse andare tutto storto	if it should all go pear-shaped, wrong
se dovesse andare per il meglio	if it goes well/works out for the best
se dovesse andare per il peggio	if it goes badly/for the worst
è provato/accertato/assodato che...	it is proved/known for certain that...
i fatti sono venuti a galla	the facts came out/surfaced
la verità nascosta si è svelata	the hidden truth was revealed
i retroscena sono stati esposti alla luce del giorno	the behind-the-scenes dealings were exposed to the light of day
però rimane il fatto che...	however, the fact remains that...
sta di fatto che...	the fact (of the matter) is that...
stando le cose così	as things stand
abbiamo constatato che le cose non erano come ci avevano fatto credere	we have established that things were not as they had led us to believe
prendere atto di...	to take note of...
abbiamo preso atto dell'accaduto	we took note of what happened
prendiamo atto del fatto che...	let's take account of the fact that...

1.4.2 Ragionamenti — Reasoning

ragionare	to argue, reason
rendersi conto di (qualcosa) accorgersi di (qualcosa)	to realise, become aware of (something)
rendersi conto che... accorgersi che...	to realise that... *(note:* to realise *meaning* to make something happen *is* realizzare*)*
riflettere	to reflect, consider
dubitare di (qualcosa)	to doubt (something)
che ... *(+ subj)*	to doubt that...
mettere in dubbio	to put in doubt, cast doubt on

il mio ragionamento è questo	my argument (reasoning) is this
mi rendo conto del problema	I realise the problem
si è accorto che non è vero	he realised that it is not true
bisogna riflettere prima di essere troppo sicuri	one needs to reflect carefully before being too sure
dubito che sia vero	I doubt if it's true
(lei) dubitava che potesse venire (lui)	she doubted if he would be able to/ could come
il suo ragionamento non mi convince	your argument does not convince me
il mio ragionamento su questo argomento è il seguente	my argument on this matter is as follows

il ragionamento è seducente	**the argument is attractive (seductive)**
le prove sono attendibili	**the evidence is reliable**
essere persuaso/a dal ragionamento	**to be persuaded by the argument**
le prove sono da mettere in dubbio	**the evidence is doubtful**
dubitare dell'attendibilità delle prove	**to doubt the reliability of the evidence**
nutrire qualche dubbio	**to harbour some doubts**
non lo metto in dubbio	**I don't doubt it**
procedere/andare coi (con i) piedi di piombo	**to go slowly/carefully (lit. walk with leaden feet)**
camminare in punta di piedi	**to walk on tiptoe/tread carefully**
procedere con la dovuta cautela/ con le debite precauzioni	**to proceed with due caution**
per decidere se fosse vero o no	**to decide if it was true or not**

1.4.3 Litigi   Arguments/quarrels

litigare	to argue, quarrel (also (not common): take to court)
un litigio	an argument, a quarrel
un diverbio, un battibecco	a heated exchange, an argument
avere una discussione con...	to have words/an argument with...
un dissenso	a difference of opinion
scontrarsi con...	to fall out with...
bisticciare (bisticciarsi)	to quarrel, bicker, squabble
un bisticcio	a squabble

hanno litigato per una faccenda di famiglia	they quarrelled over a family matter
e hanno dovuto farsi causa per risolvere l'eredità	and they had to go to court to settle the inheritance (legacy)
i coniugi (si) bisticciavano	the husband and wife were squabbling
perché il marito si era scontrato con la suocera	because the husband had fallen out with the mother-in-law
a causa di un dissenso	because of a difference of opinion
seminare discordia	to sow discord
il pomo della discordia	the bone of contention
venire a parole con...	to have words with...
passare (dalle parole) alle vie di fatto	to proceed (from words) to blows
venire alle mani	to come to blows
insultarsi a vicenda	to trade insults
attaccar lite (briga) con qualcuno	to pick a quarrel with someone
un (un')attaccabrighe	a troublemaker, quarrelsome person
non appena la vedeva attaccava briga	as soon as she saw her she would pick a fight
cambiamo discorso, per carità, sennò finiamo per litigare	let's change the subject, for goodness sake, otherwise we'll end up quarrelling
dopo un acceso diverbio sono venuti alle mani	after a heated exchange they came to blows
poi dopo gli amici si sono placati	then afterwards they calmed down
e sono tornati amici come prima	and they were friends again

1.4.4. Giudizi   Judgements

il concetto	idea, concept
il preconcetto	preconceived idea; prejudice
giudicare	to judge; consider, think; prejudice
giudicare male	to misjudge
esprimere un giudizio	to express an opinion
il pregiudizio	prejudice
avere ragione/torto	to be right/wrong
a torto o a ragione	right or wrong
sbagliare, sbagliarsi	to get something wrong, to be wrong
mi sbaglio, mi sono sbagliato/a	I'm wrong

badare	to mind, be careful, take care; look after
mentire	to lie
una menzogna, una bugia	a lie, falsehood
dire bugie	to tell lies
il bugiardo	liar
smentire	to disprove; contradict; give the lie to
smentirsi, contraddirsi	to contradict oneself
fare un pronostico	to make a prediction
pronosticare	to predict, forecast
prevedere	to predict, foresee (le previsioni del tempo is the weather forecast)

è un'opinione sbagliata	it's a mistaken opinion
posso affermare senza contraddirmi	I can state without contradicting myself
senza contraddizione	without contradiction
non sono un bugiardo – non dico bugie	I'm not a liar – I don't tell lies
però i fatti La smentiscono	the facts, however, contradict you
si sbaglia	you are wrong
non deve giudicarmi a priori	you must not prejudge me
guardarsi bene da.../badar a non...	to take care not to.../guard against...
guardiamoci bene dal fare ipotesi azzardate	let's be careful not to make hurried assumptions
badi bene a non dare giudizi affrettati	be careful not to make rushed judgements/to leap to conclusions
un giudizio avventato	a rash judgement
essere avventato	to be foolhardy
il giudice era prevenuto nei suoi confronti	the judge had a prejudice (was prejudiced) against him
i fatti smentirono i pronostici	the facts contradicted the predictions
(se) dovessi azzardare un pronostico	if I were to hazard a guess
direi ad occhio e croce	I would say roughly
senza mettere i puntini sugli 'i'	without dotting the 'i's
che tutto rimarrà come prima	that everything will stay the same as before
fraintendere	to misunderstand
non mi fraintendere	don't misunderstand me
non vorrei essere frainteso	I would not like to be misunderstood

trarre in inganno/ ingannare	to deceive
fu tratto in inganno/ingannato da un documento falso	he was deceived by a false document
che falsificò il suo giudizio	which falsified his conclusion
nei panni suoi io sarei stato più cauto	in his shoes I would have been more cautious
se fossi in te non direi questo	if I were you I wouldn't say that

1.4.5 Pensieri/preoccupazioni Thoughts/worries

l'idea *(f)*	idea; thought
il pensiero	thought
avere dei pensieri essere/stare in pensiero }	to be worried
impensierire qualcuno	to worry someone
impensierirsi	to worry *(i.e. oneself)*
spensierato/a	carefree
preoccuparsi di...	to worry about...
la preoccupazione	worry, preoccupation
preoccupato da...	preoccupied with...
innervosire	to make nervous
innervosirsi	to become nervous
dare sui nervi	to get on one's nerves

sono in pensiero per mio figlio	I'm worried about my son
mio figlio m'impensierisce tanto	my son worries me so much
mi dà tanti pensieri	he gives me so many worries
lui è così spensierato	he's so carefree
non si preoccupa di niente	he doesn't worry about anything
così mi preoccupo costantemente	so I worry all the time
per conto suo	on his account
e lui s'innervosisce per questo	and he gets nervous because of this

l'idea mi venne subito	the idea came to me straightaway
ero stato colpito da un pensiero	I had been struck by a thought
io che passavo per un tipo spensierato	I, who had been taken for a carefree type
tutto d'un tratto	all of a sudden
diventavo preoccupato	became preoccupied
non che mi impensierissi più di tanto	not that I worried overmuch
ma impensierivo gli amici	but I worried my friends
e anche gli davo sui nervi	and I also got on their nerves
'su, dài, coraggio!' mi dicevano	'come on, chin up!' they said to me
come se credessero che fossi matto	as though they thought I was mad

può darsi che abbiano ragione è possibile che abbiano ragione forse hanno ragione }	they could be right/maybe they're right

1.4.6 Fortuna/sfortuna   Luck/misfortune

la fortuna	luck; good luck
fortunato/a	lucky
la sfortuna	misfortune
sfortunato/a	unfortunate
la sorte	fate; luck; lot
la buona sorte	good fortune, good luck
la cattiva sorte	ill fortune, bad luck
tirare a sorte, sorteggiare	to draw (by lot)
la disgrazia	misfortune, mishap (not disgrace)
disgraziato/a	unfortunate, unlucky
la sciagura	calamity
sciagurato/a	wretched
la sventura	misfortune, piece of bad luck
sventurato/a	ill-starred, unfortunate
l'augurio	wish; omen
auguri! auguri da...	best wishes! best wishes from...
augurare	to wish
per fortuna, fortunatamente	luckily, fortunately
per disgrazia, purtroppo	unluckily
disgraziatamente, malauguratamente	unluckily, unfortunately
brindare	to toast, drink to

buona fortuna! } in bocca al lupo! }	good luck!
buon lavoro!	work well! enjoy your work!
ti auguro una buona riuscita	I wish you well (lit. a good success)
promette bene	it's looking good, it looks promising
male	it's not looking good
mandare gli auguri di Natale	to send a Christmas card
brindare alla fortuna	to drink a toast to good luck

è di buon augurio/auspicio	it bodes well
è di cattivo augurio/auspicio	it's not looking good, it bodes ill
la fortuna sorride a chi la va a cercare	fortune smiles on whoever goes in search of it
ebbe la fortuna di trovare un buon lavoro	he had the luck to find a good job
si vede che la sorte gli sorrideva	it is obvious that fate was smiling on him
malauguratamente non tutto andò per il verso giusto	unfortunately not everything went right for him
gli capitò una disgrazia	a misfortune befell him
la cattiva sorte si è accanita (su/contro) di lui	ill-luck dogged him
c'è da auspicare una rimonta	let's hope for a comeback
almeno gliela auguriamo	at least we wish it for him
brindiamo dunque alla sua fortuna	so let's drink to his good fortune

1.5 La conclusione — The conclusion

infine, alla fine, finalmente	finally
dopotutto	after all; at the end of it all
per finire	to finish
in conclusione	in conclusion
tirare le somme	to sum up
riassumere	to summarise
ricapitolare	to recapitulate
insomma, in sintesi	in short
in chiusura	to end with
ribadire	to reaffirm

per concludere diciamo che...	to conclude let's say that...
per farla breve	briefly, to cut a long story short
per chiudere l'argomento	to close the discussion
una conclusione scontata	a foregone conclusion
un risultato prevedibile/scontato	a foreseeable/expected result
riepiloghiamo	let's go back over it
rincominciamo daccapo/da capo	let's start at the beginning again
tutto sommato	all in all, when all's said and done
tutto considerato	all things considered

tenendo conto gli aspetti salienti	taking the salient points into account
tirando le somme si può concludere	summing up we can conclude
mettendo da parte certi punti deboli	setting aside certain weak points
senza negare le verità evidenti	without denying the evident truths
pur non trascurando certi aspetti negativi	yet without neglecting certain negative aspects
posso sbagliarmi	I may be wrong
ma è più probabile che abbia ragione	but it's more probable that I'm right
l'unica conclusione che regge è...	the only conclusion that stands up is...
fermo restando il principio di base	still keeping to the basic principle
rispettando il parere altrui/di altri	respecting the opinion of others
punto e basta!	full stop! period!
in chiusura vorrei ribadire alcuni concetti	to conclude I would like to reaffirm a number of ideas
ribadendo quanto detto in precedenza	reasserting what was stated previously
in fin dei conti	finally, at the end of it all
a conti fatti	when all is said and done
in ultima analisi	in the final analysis
rimane solo da dire	there just remains to say
la morale della favola	the moral of the story
tutto è bene quel che finisce bene	all's well that ends well

2 Cibo, Dieta, Salute

2.1 In cucina

In the kitchen

a tavola!	dinner (or any meal) is ready! (i.e. come to the table!)
sedersi a tavola	to sit down at the table
sediamoci mettiamoci a tavola }	let's sit down at the table
apparecchiare	to lay the table
sparecchiare	to clear the table
le posate	cutlery
il coltello	knife
la forchetta	fork
il cucchiaio	spoon
il cucchiaino	coffee spoon/teaspoon
il bicchiere	glass
le stoviglie, i piatti	crockery, the dishes
la lavastoviglie, la lavapiatti	dishwasher
lavare i piatti/le stoviglie	to wash the dishes
il tovagliolo	napkin, serviette
il pasto	meal
un pasto abbondante	a hearty meal
la colazione	breakfast
fare colazione	to have breakfast
il pranzo	lunch (i.e the main meal of the day, but can also mean dinner)
dopo pranzo	after lunch
dopo pranzo mi faccio un pisolino	after lunch I have a nap
la cena	dinner, supper (i.e. evening meal)
la merenda	afternoon snack/picnic lunch
lo spuntino	snack
fare uno spuntino	to have a snack (at any time)
l'antipasto/gli antipasti	starter(s), hors d'oeuvre(s) (i.e. before the pasto – meal, not before the pasta!)
il primo (piatto)	first course
il secondo/piatto principale	second/main course
la pietanza	dish, main dish
il dolce	dessert, sweet
il sugo	sauce (for pasta)
la salsa	sauce (in the more general sense)
l'insalata	salad
la verdura	green vegetables

il contorno	side dish
olio e aceto (*or* olio e limone)	oil and vinegar (*or* oil and lemon) (*i.e. salad dressing*)
la carne alla griglia ⎫ alla brace ⎬	grilled meat
con contorno di patate	with potatoes
una grigliata di pesce	a mixed grill of fish
al forno	in the oven; baked
infornare	put into the oven
il forno a microonde	microwave oven
a legna	wood-burning oven
l'arrosto	roast
friggere, fritto	to fry, fried
la pentola	saucepan, pot
una pentola a pressione	a pressure cooker
cuocere a vapore	to steam cook
la padella	frying pan
la frittata	omelette
'la frittata è fatta!'	the damage has been done
un tegame (una casseruola)	pan, casserole
la batteria da cucina	pots and pans
bollire	to boil
portare a ebollizione	to bring to the boil
abbassare la fiamma	to lower the flame (the gas)

è bello sentire il grido 'a tavola!'	it's nice to hear the call 'come to the table!'
vuol dire che siamo pronti a mangiare	it means that we are ready to eat
mi piace il pollo arrosto con le patate	I like roast chicken with potatoes
e una bella insalata condita con olio e aceto	and a nice salad dressed with oil and vinegar
la pietanza è arrosto di vitello	the main course is roast veal
abbiamo anche dei piatti di pesce	we also have fish dishes
a casa nostra abbiamo una cucina moderna	in our house we have a modern kitchen
che fa piacere alla padrona di casa	which pleases the lady of the house
perché è una brava cuoca	because she is a good cook
cucina tutti i piatti tradizionali italiani	she cooks all the traditional Italian dishes
le manca (non ha) un forno a legna	she doesn't have (lacks) a wood-fired oven
che oggi si trova solo nelle pizzerie	which today are only to be found in pizzerias
ma possiede tutti gli elettrodomestici per la vita moderna	but she possess all the electrical appliances for modern living

l'arte della buona cucina è ancora viva in Italia	the art of good cooking is still alive in Italy
si dice che la salute comincia in cucina	they say that good health begins in the kitchen
ma anche le cattive abitudini	but also bad habits
gli italiani sono molto attaccati alla loro cucina regionale	Italians are very attached to their own regional cooking
i ristoranti cinesi e indiani si possono trovare nelle grandi città	you can find Chinese and Indian restaurants in the big cities
ma non tanti come in Inghilterra	but not as many as in England
il ritmo della vita moderna ha favorito il diffondersi del fast food	the pace of modern life has encouraged the spread of fast food
ma il pasto tradizionale di primo, secondo, insalata e frutta resiste ancora	but the traditional meal of first course, second course, salad and fruit is still strong

 www.gamberorosso.it *Site devoted to Italian food and cooking.*

2.2 Dieta   Diet

il latte intero	whole milk
il latte scremato	skimmed milk
il latte parzialmente scremato	semi-skimmed milk
il calcio	calcium *(not* football *in this context)*
la proteina	protein
la vitamina/le vitamine	vitamin/vitamins
la caloria/le calorie	calorie/calories
a calorie ridotte	with reduced calories
i generi alimentari	foodstuff(s)
i cibi sani	healthy food
il pane integrale	wholemeal bread
nutrirsi di	to feed on
agricoltura biologica	organic farming
prodotti biologici (*commonly* prodotti bio)	organic products

bevande zuccherate	sugared (sweetened) drinks
le bibite gassate	fizzy drinks
gli alcolici	alcoholic drinks
un analcolico	a non-alcoholic drink
la materia/sostanza grassa	fatty material/substance
i grassi	fats
snello/a	slim
snellire	to slim down; streamline
snellire i fianchi	to slim down the hips
magro/a	thin *(of persons)*; lean *(of food)*
dimagrire	to slim
seguire una dieta dimagrante	to follow a slimming diet
essere a dieta/fare la dieta	to be on a diet/to be dieting
qualche chilo di troppo/in meno	a few kilos too many/less

2.3 Benessere — Fitness and wellbeing

esercitarsi	to work out, exercise
allenarsi	to work out, train
l'attività fisica	physical exercise
fare il jogging / il footing	to go jogging
esercizi anti-tensione	stress-reducing exercises
distendersi/rilassarsi	to relax
fare un po' di relax	to do some relaxation
l'idroterapia	hydrotherapy
l'aerobica	aerobics
la postura	posture
gli esercizi di respirazione	breathing exercises
ritagliarsi uno spazio di tempo	to set aside some time
la 'ginnastica da scrivania'	exercises at the desk *(i.e. seated aerobics)*
sciogliere la tensione	to ease tension
essere (sentirsi) in forma	to be (feel) fit; be in shape
la palestra	gym
andare in palestra	to go to the gym

peso troppo	I weigh too much/I'm too heavy
sono ingrassato/a molto durante le vacanze	I put on a lot of weight in the holidays
ho paura di guardare la bilancia	I'm afraid to look at the scales
non dire sciocchezze	don't talk nonsense
non è vero che sei ingrassato/a – anzi, per me sei dimagrito/a	it's not true that you've put on weight – on the contrary, I think you've slimmed down
devo andare in palestra	I must go to the gym
a fare un po' di esercizio fisico	to do some exercise
così mi sentirò meglio	in that way I'll feel better
anche il nuoto fa bene	swimming also does you good
ma non ho tempo di andare in piscina	but I haven't got time to go to the swimming pool
dovrò fare/seguire una dieta rigorosa	I'll have to go on (follow) a strict diet
abolendo i cibi grassi per ridurre le calorie	cutting out (abolishing) fatty foods to reduce calories
per mantenersi in buona salute è importante nutrirsi di cibi sani	to keep in good health it is important to eat healthy food
privilegiare i piatti magri a scapito dei cibi grassi	give priority to lean dishes rather than fatty foods
in tutto l'occidente c'è una crescente obesità	throughout the west obesity is on the increase
sembra un gioco di parole	that looks like a pun (a play on words)
ma è una grossa preoccupazione per i servizi sanitari	but it is a big worry for the health services
difficile evitare questi giochi di parole	difficult to avoid these puns
ci sono molti consigli su come seguire una dieta sana	there is a lot of advice on how to follow a healthy diet
i supermercati sono pieni di prodotti a basso contenuto di grassi	the supermarkets are full of low fat products
accanto ad altri che sono il contrario	next to others which are the opposite
la dieta di per sé non basta	dieting on its own is not enough
bisogna fare un po' di attività fisica per sentirsi bene	you need a to take a bit of exercise to feel well
altrimenti si rischia di finire all'ospedale	otherwise one runs the risk of ending up in hospital
ricoverato al reparto di cardiologia	admitted to the heart unit
nella peggiore delle ipotesi	in the worst case scenario/if the worse comes to the worst

per essere più ottimisti	to be more optimistic
forse non troverai più vestiti che ti stiano/vadano bene	maybe you'll no longer find clothes that fit you
a pensarci bene	come to think of it
forse è questo lo stimolo più potente	perhaps this is the most powerful stimulus

2.4 Salute   Health

2.4.1 Dal dottore   At the doctor's

il medico il dottore }	doctor
una visita (medica)	a (medical) examination
farsi visitare	to see a doctor (have an examination)
sentirsi bene	to feel well
essere in buona salute	to be in good health
stare bene/male	to be well/unwell
meglio/peggio	better/worse
sta migliorando/peggiorando	he/she is improving/worsening
la clinica	clinic
la farmacia	chemist's, pharmacy
il (la) farmacista	chemist, pharmacist
il farmaco	medicine, medication, drug
la pillola, la compressa	pill, tablet
il cachet (French pronunciation)	painkiller
un cachet per il mal di testa	a headache tablet
la pastiglia	pastille
il cerotto	sticking plaster
ha il dito incerrottato	he has a sticking plaster on his finger
i punti di sutura	stitches
un'iniezione (f), la puntura	injection, jab
la siringa (siringhe)	syringe(s)
svenire	to faint
perdere i sensi conoscenza }	to lose consciousness
riprendere i sensi conoscenza }	to regain consciousness
un raffreddore	a cold
prendere un raffreddore	to catch a cold
ho il raffreddore sono raffreddato }	I've got a cold

le malattie dell'infanzia	childhood ailments
la varicella	chicken-pox
il morbillo	measles
la rosolia	German measles
gli orecchioni	mumps
la pertosse	whooping cough
la stitichezza (*adj* stitico)	constipation (*adj* constipated)

2.4.2 All'ospedale   At the hospital

un consulto	a consultation
lo specialista ⎱	
il professore ⎰	specialist
il chirurgo	surgeon
il cardiochirurgo	heart surgeon
la chirurgia	surgery *(the profession, not the building, which is* studio medico*)*
la chirurgia plastica/estetica	plastic/cosmetic surgery
un intervento (chirurgico)	a (surgical) operation
fare un intervento/operare	to carry out an operation/operate
subire un intervento ⎱	
essere operato/a ⎰	to have (undergo) an operation
andare sotto i ferri	to be operated on, go under the knife
l'ospedale	hospital
ricoverare	to admit (to hospital)
guarire	to recover, get better
farcela	to make it; come through; get better
ce la farà?	will she (he) make it? will she (he) be alright?
l'ammalato, il paziente	the patient
il pronto soccorso	accident and emergency unit (A&E)
la sala operatoria	operating theatre
la sala rianimazione	resuscitation room
il reparto di rianimazione	intensive care unit
l'ambulanza, l'autoambulanza	ambulance
il reparto di cardiologia	cardiac unit
un infarto	a heart attack
ha subito un infarto ⎱	
è stato colpito da un infarto ⎰	he suffered a heart attack
il trapianto	transplant
un trapianto di reni	a kidney transplant
di cuore	a heart transplant
di fegato	a liver transplant

l'infermeria	infirmary, sick bay
l'infermiere, infermiera	nurse
il trattamento/la cura	treatment
fare un prelievo di sangue	to take a blood sample
l'analisi del sangue	to do a blood analysis
una provetta (*fam*)/dare un	to give a (urine) sample
campione (di urina)	
la provetta	test-tube
il gesso	plaster
averne per...	to take... (time)
ne hai per molto?	will it take you long? (*i.e. to do something*)
ne avrà per due mesi	it will take him two months (to heal)
mi sento poco bene	I don't feel very well
devo andare dal dottore	I must go to the doctor's
forse ti basterà prendere qualche compressa in farmacia	maybe all you need is to get a few pills from the chemist's
ho sentito la sirena di un'ambulanza	I heard an ambulance siren
non ti preoccupare – non è per te!	don't worry – it's not for you!
sarà per qualche disgraziato/a	it will be for some unfortunate
che deve andare in ospedale	who has to go to hospital
tu non sei ammalato/a	you are not ill
hai solo un po' di raffreddore	you've only got a bit of a cold
fu ricoverata d'urgenza	she was rushed to hospital
fu portato al pronto soccorso	he was taken to the A&E unit
è stato operato ⎫ ha subito un intervento ⎭	he was operated on, had an operation
è ancora in prognosi riservata	he is still on the danger list (*lit.* prognosis delayed – *i.e. can't tell yet*)
difficile dire se ce la farà o no	hard to say if he will make it or not
ha la tosse? La sento tossire abbastanza	have you got a cough? I can hear you coughing quite a lot
credo che mi stia venendo l'influenza	I think I'm getting the flu
Ah sì – le donne prendono il raffreddore ma gli uomini hanno sempre l'influenza!	Ah yes – women catch colds but men always have the flu!
quando non si lamentano di avere l'indigestione	when they're not complaining of indigestion
si è fatta visitare dallo specialista	she got herself examined by the specialist

siccome non guariva fu ricoverata in ospedale	since she was not getting better she was taken to hospital
quando uno viene colpito da un infarto	when someone has a heart attack
viene portato subito al pronto soccorso	he is taken straight away to the accident and emergency unit
se la persona ha perso conoscenza va prima di tutto in sala rianimazione	if the person has lost consciousness he goes first of all to the resuscitation room
le vittime di gravi incidenti stradali spesso hanno bisogno di interventi chirurgici	victims of serious road accidents often need surgical operations
l'intervento ha avuto un esito felice/ è andato bene	the operation was successful
si è rotto la caviglia	he broke his ankle
ha la caviglia rotta ingessata	his ankle is in plaster
ne avrà per un mese	it will take him a month (to heal)
dopo potrà farsi togliere il gesso	then he can have the plaster (taken) off
e ce la farà a riprendere a correre *(coll)*	and he'll be alright to start running again

 www.italiasalute.it *A wide-ranging website encompassing most branches of medicine and including diet, fitness, well-being, aimed at the general public.*

3 I media

3.1 La radio e la televisione   Radio and television

i mezzi di comunicazione	means of communication
i media, i mass-media	(mass) media
la tivù (la TV)	TV (the telly)
il televisore	television set
accendere la televisione	turn on the television
la radio	the radio
spegnere	to switch off
il telecomando	remote control (*for any gadget*)
guardare la televisione	to watch television
ascoltare la radio	to listen to the radio
i telespettatori	(television) viewers
i radioascoltatori, gli ascoltatori	(radio) listeners
il videoregistratore	video recorder
registrare	to record
registrare su nastro	to record on tape
su cassetta	on cassette
su CD (*pron* cidì)	on CD
su DVD (*pron* divudì)	on DVD
il lettore DVD	DVD player
il canale	TV channel, radio station
trasmettere	to transmit
la trasmissione	broadcast, transmission
la trasmissione via satellite	satellite transmission/broadcast
terrestre	terrestrial broadcast
criptata	encrypted transmission
in chiaro	non-encrypted transmission
a pagamento ('pay-per-view')	pay per view
in abbonamento	on subscription
diffondere, trasmettere	to broadcast
la diffusione, la trasmissione	broadcast
andare in onda	to go on air
sullo schermo	on the screen
il programma/i programmi	programme(s)
il telegiornale	the TV news programme
aggiornarsi	to keep up to date
un servizio dal nostro inviato	a report from our own correspondent
sul luogo del delitto	at the scene of the crime

la pubblicità	adverts, advertising
uno spot (pubblicitario)	a commercial *(i.e. advert)*
lo spettacolo	show
lo spettacolo di varietà	variety show
la 'velina'	presenter's pretty girl assistant
un giallo	murder mystery
un teleromanzo	TV serial; soap opera
una telenovela	soap opera *(derived from Spanish; also used to refer to any long-running scandal)*
una fiction	TV fictional series
la puntata	episode
i sottotitoli	subtitles
televideo	teletext
una serie di programmi	a series of programmes
i cartoni animati	cartoons
la cronaca (di una partita)	commentary (on a match)
una cronaca in tempo reale, dal vivo	a live commentary
una partita in diretta	a match shown live
il radiocronista/telecronista	radio/TV commentator
l'opinionista	'expert', pundit
commentare	to comment
fare un commentario su…	to give an opinion on…
il presentatore/la presentatrice	presenter
il conduttore/la conduttrice	presenter *(i.e. the one who leads the programme)*
il programma di attualità	current affairs programme
nella rubrica 'Oggi al Parlamento'	in the series 'Today in Parliament'
un dibattito televisivo	a television debate
la par condicio	'equal access' to media for all political parties *(Latin phrase now part of political jargon,* level playing field, *and much satirised)*

oggi tutti guardano la televisione	today everyone watches television
si dice che le telenovele abbiano molto successo tra le signore	they say that soap operas are very popular with women
mentre gli uomini spesso vogliono guardare lo sport	while men often want to watch sport
dunque, bisogna avere due televisori in casa	so one needs two television sets in the house
sarà uno stereotipo, ma la pubblicità televisiva ci crede	it may be a stereotype but the TV commercials believe it
è interessante notare gli spot televisivi abbinati alle telenovele	it's interesting to take note of the commercial breaks in the soaps

e paragonarli con (a) quelli abbinati alle trasmissioni sportive	and compare them with (to) those that come with sports broadcasts
sono indirizzati a un pubblico diverso o no?	are they addressed to different audiences or not?
gli spettacoli di varietà sono molto seguiti	variety shows have a great following
come pure i quiz	as are quiz shows
c'è molta politica alla televisione	there is a lot of politics on television
il che è noioso per i giovani	which is boring for young people
ai bambini piace guardare i cartoni animati	children like watching cartoons
così le madri hanno un po' di pace	in that way the mothers have a bit of peace
la televisione è diventata il mezzo di comunicazione più importante	television has become the most important means of communication
qualcuno dice che se non si vede in televisione non esiste	some people say that if it isn't on television it doesn't exist
un disastro naturale, per esempio, è appena rimarcato se non viene filmato dalla telecamera	a natural disaster, for example, is hardly noticed if it is not caught by a television camera
ci sono canali che diffondono le notizie del telegiornale ventiquattro ore su ventiquattro	there are channels which broadcast the news 24 hours a day
ormai la pubblicità è parte integrante di tutte le televisioni	advertising is now an integral part of all television
la BBC non fa pubblicità commerciale	the BBC does not do commercial advertising
ma trasmette molti spot pubblicitari per i propri programmi	but broadcasts a lot of commercials for its own programmes
mentre la RAI, benché sia un ente pubblico come la BBC, trasmette molta pubblicità di natura commerciale	whereas RAI, even though it is a public corporation like the BBC, broadcasts a lot of commercial advertising
la tecnologia televisiva ha fatto molti passi avanti negli ultimi anni	television technology had advanced greatly in recent years
una volta si diceva 'il piccolo schermo'	we used to say 'the small screen'
ora non più	not any more
gli schermi si sono ingranditi e allargati	screens have got bigger and wider
è quasi come avere un cinema in casa	it's almost like having a cinema at home

www.rai.it *The site for Italian state broadcasting, giving full access to all television and radio programmes, background to the programmes etc.* www.mediaset.it *The site for the largest private television network.*

3.2 La stampa — The press

il giornale, il quotidiano	daily newspaper
il periodico	periodical; magazine
la rivista	magazine
l'edicola	newsstand, kiosk
il giornalaio	newsagent
un settimanale	a weekly
un mensile	a monthly
una rivista settimanale	a weekly magazine
mensile	a monthly magazine
trimestrale	a quarterly (three-monthly) magazine
una rivista specializzata	a special interest (specialist) magazine
il rotocalco	glossy magazine
l'abbonamento	subscription
il/la giornalista	journalist
l'inviato/a, il/la corrispondente	correspondent
la redazione	editorial office
il redattore	editor
la stampa	printing (*as well as* the press)
la testata	masthead (*i.e. the title of the newspaper*)
i titoli (i grossi titoli)	(large) headlines
titoli a caratteri cubitali	banner/block headlines
la tiratura, la diffusione	circulation
il potere della stampa	power of the press
la libertà di stampa	freedom of the press
la censura	censorship

3.2.1 Gli articoli — Articles

la rubrica	column; section
le nostre rubriche: salute, società, sport	our sections: health, society, sport
la rubrica settimanale di Enzo Biagi	Enzo Biagi's weekly column
l'editoriale	editorial

28

le attualità	current affairs *(political and international news)*
la cronaca	news *(daily events, local and national)*
l'articolo di fondo	leading article; 'in depth' article; 'think piece'
l'intestazione/il titolo	heading, title
un articolo intestato/intitolato...	an article headed/entitled...

3.2.2 Le rubriche   Sections

annunci	announcements, notices
annunci familiari	births, marriages and deaths
piccoli annunci	small ads
il meteo	weather
l'enigmistica	puzzles
il rebus	puzzle, conundrum, enigma
il cruciverba	crossword
viaggi	travel
spettacoli	entertainment

vado all'edicola/dal giornalaio a comprare il giornale	I'm going to the newsagent's to buy a paper
hanno ogni genere di rivista	they've got all sorts of magazines
riviste per la casa, riviste femminili, riviste sportive, riviste specializzate sui computer ecc.	magazines for the home, women's magazines, sports magazines, magazines specialising in computers etc.
ci sono anche i rotocalchi con foto ed articoli su personaggi celebri del del mondo cinema e della TV	there are also the glossy magazines with pictures and articles about celebrities from the world of films and TV
le riviste per donne/femminili trattano molti argomenti	women's magazines deal with many subjects
dalla casa alla carriera	from the home to the career
molte riviste sono mirate ai giovani	a lot of magazines are aimed at youngsters
e ai loro interessi	and at their interests
ho un amico che è appassionato di enigmistica in generale	I have a friend who is mad about puzzles in general
e dei cruciverba in particolare	and of crossword puzzles in particular

è bravo anche a fare i sudoku	he's also good at doing sudoku
io non sono capace di farli	I can't do them
i numeri non sono il mio forte	numbers are not a strong point for me
pazienza!	never mind!

un giornale di prestigio	an authoritative newspaper
i cui servizi sono affidabili	whose reports are to be trusted
i loro giornalisti hanno dei buoni contatti negli ambienti politici	their reporters have good contacts in the political sector
un giornale ad alta tiratura/di grande diffusione	a high circulation/widely read newspaper
può far pagare cara la pubblicità	can charge high advertising rates
la stampa come baluardo della democrazia	the press as a bulwark of democracy
talvolta un popolo ha la stampa che si merita	sometimes a people has the press it deserves
i cosiddetti tabloid	the so-called tabloids
godono di una cattiva fama	have a bad reputation
vanno notoriamente in cerca di scandali e pettegolezzi	they are notorious for chasing after scandals and gossip
con i loro paparazzi	with their *paparazzi*
puntano sulla cronaca nera	they concentrate on news about crime and misfortunes
svelando i segreti	revealing secrets
e i retroscena *(sing* il retroscena*)*	and intrigues *(lit.* what goes on behind the scenes*)*
a volte turbano le acque	they sometimes ruffle the surface *(lit.* disturb the waters*)*
per infrangere un tabù	to break a taboo
i giornalisti politici amano fare dietrologia	political journalists like looking for hidden agendas *(lit.* behind the appearance*)*
cioè, cercare un significato occulto dietro le parole o le azioni di qualcuno	that is, to look for a hidden meaning behind someone's words or actions
o, in altre parole, cercare un complotto	or, in other words, to look for a conspiracy
il giallo del cadavere ritrovato sul ciglio dell'autostrada	the mystery of the dead body found beside the motorway
la polizia indaga	the police are investigating
seguendo varie piste	following a number of leads
il crac della banca sarebbe dovuto al falso in bilancio	the collapse of the bank would appear to be due to false accounting/fraud *(the conditional tense playing a similar role to the use of 'alleged' in English)*

**nelle edicole si vede una infinità
di riviste di ogni genere**

on the newsstands you can see an
infinite number of magazines of
every kind

www.corriere.it *Corriere della Sera*
www.repubblica.it *La Repubblica*
www.thepaperboy.com *Lists all the Italian (and other countries')
newspapers that are available online.*
www.pubblinet.com *A wide-ranging site that has links to all Italian
newspapers and magazines as well as covering a huge range of topics.*

4 Trasporto, Viaggi, Turismo

4.1 Trasporto — Transport

l'aereo	aircraft, plane
viaggiare in aereo	to travel by air
prendere l'aereo	to catch a plane
accettazione	check-in
bagaglio da imbarcare	luggage to be checked in
a mano	hand luggage
oggetti pericolosi	dangerous objects
controllo di sicurezza	security check
l'attesa	the wait
sala d'imbarco	departure lounge
arrivi/partenze	arrivals/departures
ritardi	delays
allacciare le cinture di sicurezza	fasten seat belts
divieto di fumo \	no smoking
vietato fumare /	
a bordo	on board
decollare, prendere il volo	to take off
il decollo	take-off
il volo	flight
volo numero...	flight number...
volare	to fly
a quota...	at a height of...
atterrare	to land
l'atterraggio	landing
la pista	runway
la torre di controllo	control tower

4.1.1 Trasporto aereo — Air transport

oggi tutti viaggiano in aereo	today everybody travels by air
è veloce ma non è più comodo	it's fast but it's no longer comfortable
c'è troppa gente, e poco spazio	there are too many people and little room
troppi ritardi e troppa attesa	too many delays and too much waiting
è scomodo e noioso	it is uncomfortable and boring
però è anche interessante	but it is also interesting
si può incontrare gente di tutto il mondo	you can meet people from all over the world

32

gli aeroporti sono anche centri commerciali	airports are also shopping malls
con ogni genere di negozi	with all types of shops
che ci fanno spendere molti soldi	which make us spend a lot of money
semplicemente per ingannare il tempo	simply to pass the time
abbiamo decollato con venti minuti di ritardo	we took off twenty minutes late
ma siamo atterrati in orario	we landed on time
venti contrari ci hanno fatto ritardare	contrary winds made us late
causando anche qualche turbolenza	causing some turbulence as well
e qualche vuoto d'aria...	and some air pockets
poi c'è stata una lunga attesa per ritirare le valigie	then there was a long wait to collect the luggage (suitcases)
perciò è sempre meglio portarsi il bagaglio a mano dove possibile	so it's always better to take hand luggage wherever possible
il fuso orario	time difference
poi abbiamo sofferto il cambiamento di fuso orario	moreover we suffered from jet-lag
che ci ha fatto sentire a disagio	which made us feel uncomfortable
disagi negli aeroporti dovuti a uno sciopero dei controllori dei voli	difficulties at the airports due to a strike of air traffic controllers
aerei fermi a causa della (per la) nebbia	aircraft at a standstill because of fog
però quando tutto va bene è il modo migliore per coprire grandi distanze	but when everything goes well it's the best way to cover great distances

 www.aeroporti.com *All about airports and air traffic.*

4.1.2 Treni   Trains

Trenitalia (FS – Ferrovie dello Stato)	Italian state railway company
la rete ferroviaria	railway network
un biglietto di andata e ritorno	a return ticket
offerte vantaggiose/speciali	special offers
il TAV (treno ad alta velocità)	high speed train
servizi per i disabili	services for the disabled
una comitiva scolastica	a school group
una comitiva aziendale	a company (business) group (party)
il binario	station platform
la carrozza	the carriage

i treni moderni sono molto confort**e**voli	modern trains are very comfortable
sono veloci e silenziosi	they are fast and quiet
viaggiando in treno si può vedere il paesaggio	travelling by train you can see the countryside
si può mangiare a bordo con c**o**modo	you can eat on board with no rush
in treno si può passeggiare lungo il corridoio	on the train one can stroll along the corridor
è rilassante	it's relaxing
poi si arriva nel centro della città	then you arrive in the city centre
in centro	
in centrocittà	
al contrario dell'aeroporto che è sempre molto distante	as opposed to the airport which is always a long way away

nell'Ottocento le ferrovi**e rivoluzion**a**rono il mondo**	in the nineteenth century the railways revolutionised the world
grandi locomotive a vapore traina**vano lunghi convogli**	great steam locomotives pulled long trains
attraversa**vano continenti**	they crossed continents
collega**vano paesini, borghi e città**	they linked villages, towns and cities
poi arriva**rono i locomotori el**e**ttrici**	then the electric engines arrived
che po**sero fine all'**e**poca del carbone**	which put an end to the era of coal
con l'avvento dell'ae**reo i treni sembr**a**vano sorpassati/superati**	with the arrival of the aeroplane trains appeared to be superseded
ora però c'è un risveglio	now, however, there is a revival
dovuto ai progressi tecnolo**gici**	due to advances in technology
che hanno aperto la strada verso una maggiore comodità e convenienza	which have opened the way to greater comfort and convenience

 www.trenitalia.it *The website for Italian State Railways.*

4.1.3 Automobili   Cars

il conducente } l'autista }	driver
la portiera	car door
anteriore/posteriore	front/rear
la ruota	wheel
le gomme	tyres

il parabrezza	windscreen
i tergicristallo	windscreen wipers
il portabagagli, il baule	boot, trunk
il cofano	bonnet, hood
il motore	engine
la rete autostradale	motorway network
il pedaggio (sull'autostrada)	toll (on the motorway)
pagare il pedaggio	to pay the toll
il casello	toll station
l'area di servizio	service area
la benzina	petrol; gasoline *(note:* benzina *is* petrol; petrolio *is* crude oil*)*
la benzina senza piombo	unleaded petrol
la polizia stradale	highway police
senso unico	one way
il semaforo (rosso, giallo, verde)	traffic-lights (red, amber, green)
semaforo lampeggiante	flashing traffic-lights
il rondò	roundabout
il bivio	crossroads, junction
divieto di sosta ⎫ sosta vietata ⎭	no parking

parcheggio ⎫ posteggio ⎭	gratuito	free parking
	a pagamento	paying car park
	incustodito/non custodito	unattended car park

parcheggiare, sostare, stazionare, posteggiare	to park
una multa (multare)	a fine (to fine)
prendere la multa...	to be fined
beccarsi una multa...	to get hit with a fine
la corsia	carriageway, lane (on motorway)
la corsia di sorpasso	overtaking lane
d'emergenza	emergency lane
il sorpasso (sorpassare)	overtaking (to overtake}
lo spartitraffico	central reservation
lavori in corso	road works
il codice della strada	highway code; rule of the road
la segnaletica	road sign(s) *(the singular is used for the plural as well)*
un incidente (stradale)	a (road/traffic) accident
autonoleggio	car rental
noleggiare una macchina un'automobile	to rent a car
riconsegnare la macchina	to hand the car back
si paga alla riconsegna	you pay when you hand the car back

girare a destra al bivio/all'incrocio/ al crocevia	take right at the fork (crossroads)
fare attenzione alla segnaletica	watch out for the signs
accendere i fari in galleria	switch on headlights in the tunnel
spegnere i fari	switch off headlights
accendere gli abbaglianti	to put headlights on full
abbassare/spegnere gli abbaglianti	dip headlights
rispettare i limiti di velocità	respect speed limits
regolare la velocità secondo il traffico	adjust speed in accordance with the traffic
devo fare benzina	I need (to put in) petrol
faccia (mi fa) il pieno, per cortesia	fill it up, please
dove posso lasciare la macchina?	where can I leave the car?
c'è un parcheggio a pagamento qui vicino	there's a paying car park near here
è sempre un problema saper dove parcheggiare la macchina	it's always a problem knowing where to park the car
per non rischiare la multa	so as not to risk a fine
di beccarsi una multa	getting hit with a fine
lunghe code ai caselli delle autostrade	long queues at the motorway toll stations
con traffico intenso ed intasamenti	with very heavy traffic and traffic jams
dovuti al grande esodo dalle città	caused by the great exodus from the cities
fare il ponte	to add a holiday on to the weekend (*i.e.* 'bridge' the holiday)
tutti vogliono passare il ponte fuori casa	everybody wants to get away for a long weekend
motore surriscaldato	overheated engine
chiamare il soccorso stradale	to call the breakdown service
avere un guasto (meccanico)	to have a (mechanical) breakdown
esser/andare/rimanere in panne	to have a breakdown
una gomma sgonfiata/a terra	a flat tyre
la gomma è bucata/forata	the tyre is punctured
la ruota di scorta	spare tyre, spare wheel
girare a vuoto	to freewheel
slittare/sbandare sull'asfalto	to skid on the asphalt/the surface
fondo stradale scivoloso/viscido	slippery road surface
investire qualcuno	to knock someone down, run over someone
causato da una guida sconsiderata (spericolata)	caused by careless (reckless) driving

alla guida della vettura era un ventenne	the driver was a twenty-year-old
la macchina cominciava a sbandare paurosamente	the car started to swerve frighteningly
zigzagava da un lato all'altro della strada	it zigzagged from one side of the road to the other
urtando di striscio un lampione	crashing side-on into a lamppost
e poi si è infranta contro un albero	and then smashed into a tree
per fortuna il conducente è rimasto illeso	luckily the driver escaped unhurt
o meglio, con lesioni lievi di poco conto	or rather, just with light injuries
e nessuno è stato investito	and nobody was run over

---

www.ti.ch/DI/POL/prevenzione/circolazione/incidenti *This is the website for the Italian-speaking Swiss canton of the Ticino, with a particularly clear and user-friendly police section with do's and don'ts of road usage and accidents.*

4.1.4 Altri mezzi   Other means of transport

l'autocarro	truck
il camion	truck, lorry
il camionista	truck driver
il camion/l'autocarro con rimorchio	truck with trailer/articulated lorry
l'autocisterna *(f)*	tanker (lorry)
il furgone	van; small pick-up truck
il furgoncino	small van, mini-van
rimorchiare	to tow
la motocicletta, la moto	motorbike
il motociclo	motorcycle *(more often large, racing bike)*
il motorino *(common usage)*	moped
il ciclomotore	
lo scooter	scooter
la vespa	generic name for scooter – *after the original make, called after a wasp (vespa)*
la bicicletta (la bici)	bicycle (bike)
andare in... (moto, bici ecc.)	to ride... (motorbike, bike etc.)
il ciclista/il motociclista	cyclist/motorcyclist

l'autobus	bus
entrata/salita	entrance
uscita/discesa	exit
il pullman	coach
il pullmino	minibus
convalidare il biglietto	to punch (validate) your ticket

la vita di un camionista è dura	the life of a truck driver is hard
deve passare molte ore alla guida	he has to spend many hours at the wheel
sempre attento al traffico	always alert to the traffic
non si dovrebbe guidare quando uno è stanco	one should not drive when one is tired
è un reato guidare in stato di ubriachezza	it is a crime to drive when drunk, under the influence
rispettate il codice della strada	obey the highway code
i ciclisti spesso non rispettano le regole	cyclists often don't obey the rules
neppure quelli che vanno in motorino	nor do moped drivers
così causano incidenti	so they cause accidents
il trasporto di merce su strada è molto importante per l'economia europea	the transport of goods by road is very important for the European economy
ogni giorno c'è un numero impressionante di automezzi sulle autostrade di tutto il continente	every day there is a staggering number of vehicles on the motorways of the whole continent
c'è chi vuole diminuire il traffico stradale	there are those who want to reduce road traffic
dirottando la merce sulle ferrovie	diverting goods on to the railways
o addirittura sui canali	or even on to the canals
i camion sono diventati più grossi	trucks have become bigger
e si raddoppiano persino con enormi rimorchi	and they even double their size with enormous trailers
talvolta si vedono anche sulle strade normali	sometimes they are also to be seen on the normal roads
è difficile per i camionisti, ma sono dei veri esperti	it's difficult for truck drivers, but they are real experts
ciononostante, i ciclisti possono essere spaventati	nonetheless cyclists can be terrified
vedendo un grosso camion piombargli adosso	seeing a big truck bearing down on them
in una curva stretta di montagna	on a tight mountain bend

www.autostrade.it *All about the motorways.*

4.1.5 Trasporto marittimo   Sea transport

la barca	boat
fare una gita in barca	to go on a boat trip
la nave	ship
il traghetto	ferry
la nave traghetto	car ferry
l'aliscafo	hydrofoil
la nave da crociera	cruise ship
fare una crociera	to go on a cruise
la petroliera	oil tanker
la rotta	route
il salvagente	lifebelt
il gommone	inflatable; rubber dinghy
mare mosso	choppy sea

il territorio italiano comprende molte isole	the territory of Italy contains many islands
così il trasporto marittimo è di grande importanza	so sea transport is of great importance
i collegamenti tra la Sicilia, la Sardegna e il continente	the connections between Sicily, Sardinia and the mainland
vengono assicurati da grandi navi traghetto	are provided by large ferries
per distanze più brevi e per soli passeggeri	for shorter distances and for passengers only
ci sono moderni e veloci aliscafi	there are modern fast hydrofoils
a Venezia certo è tutt'altra storia	in Venice of course it's quite another story
là, si va a piedi o si va in barca	there, one goes on foot or one goes in a boat
non c'è altro da fare/non c'è scelta	there's nothing else to do/no alternative
per ovvi motivi	for obvious reasons

la nave si è avariata	the ship was damaged
ha avuto un'avaria al motore	its engine was damaged
la guardia costiera è stata allertata	the coastguard was alerted
hanno effettuato un salvataggio in alto mare	they carried out a rescue operation at sea
la nave fu rimorchiata in porto	the ship was towed into harbour
con passeggeri ed equipaggio sani e salvi	with passengers and crew safe and sound
un gommone è stato avvistato	an inflatable was sighted (avvistare – to sight)
al largo dell'isola	off the island
con a bordo una quarantina di clandestini	with about forty illegal immigrants on board
sono stati tratti in salvo	they were brought to safety (trarre – to bring)

www.caremar.it *Sea transport in the Bay of Naples area.*
www.tirrenia.it *Sea transport for the seas around Italy.*

4.2 Turismo — Tourism

vitto e alloggio	board and lodging
pensione completa	full board
mezza pensione	half board
la pensione	boarding house, guest house
l'albergo/l'hotel	hotel
l'agriturismo	farm holidays, farm tourism, 'gites'
l'industria alberghiera } il settore alberghiero	the hotel industry
gli operatori turistici	tour operators
l'agenzia di viaggi	travel agency
andare (essere/stare) in vacanza	to go (be) on holiday (vacation)
prendersi una vacanza	to take a holiday (vacation)
le ferie/le vacanze	the holidays
essere/stare in villeggiatura	to be on vacation (villeggiatura *has the sense of a leisurely out-of town stay, rather than an active 'holiday'*)
le ferie (estive)	the (summer) holidays
passare le ferie al mare	spend the holidays at the seaside
in montagna	in the mountains
in campagna	in the countryside
sulla spiaggia	on the beach

sotto l'ombrellone	under the umbrella *(i.e. on the beach)*
farsi una/prendere la tintarella	to get a tan
le settimane bianche	the ski weeks *(winter breaks in the mountain resorts)*
il cambio	(currency) exchange
la carta di credito	credit card
la banca	bank
devo andare in banca	I have to go to the bank
a prelevare dei soldi/contanti	to draw out some money/cash
lo sconto	discount
prezzi fissi	fixed prices
la mancia	tip
agiato/a	affluent, comfortably off
calare	to decline, go down, drop
il calo	decline, drop, fall
l'aumento	increase, rise
gli spostamenti	travel *(i.e. movement/displacement)*

d'estate mi piace andare al mare	in summer I like to go to the seaside
sdraiarmi sulla spiaggia	to stretch out on the beach
e farmi una bella tintarella	and get myself a nice tan
senza bruciarmi la pelle	without getting sunburnt
altri preferiscono essere più attivi	others prefer to be more active
facendo l'alpinismo per esempio	going mountain climbing for example
o facendo l'immersione subacquea	or scuba diving
altri amano il turismo culturale	others love cultural tourism
si deve lasciare una mancia?	does one have to leave a tip?
il servizio è compreso?	is service included?
il servizio è a discrezione del cliente	service is at the discretion of the customer
mi può fare uno sconto?	can you give me a discount?
mi dispiace – qui ci sono solo prezzi fissi	I'm sorry – only fixed prices here

mi tocca (devo) fare un'operazione in banca	I have to do some business at the bank
a chi mi devo rivolgere?	who should I speak to?
per risolvere questa faccenda	to resolve this matter
la persona competente sarebbe il gestore/direttore	the proper person would be the manager
località balneare di prestigio per i turisti più esigenti	prestige seaside resort for the most demanding tourists
l'Italia è affollata di turisti	Italy is crowded with tourists
nel turismo c'è qualcosa per tutti i gusti	in tourism there is something for all tastes

il turismo culturale è in forte aumento	cultural tourism is greatly increasing
molti turisti arrivano per passare solo qualche giorno a fine settimana nelle città di cultura	many tourists come to spend just a few days at the weekend in the cities of culture
oggigiorno gli italiani più agiati viaggiano molto verso destinazioni esotiche	nowadays better-off Italians travel a lot to exotic destinations
gli spostamenti turistici sono in diminuzione	the number of tourists on the move is in decline
si prevede un calo nelle presenze in albergo	a decline in the number of hotel stays is forecast
l'agriturismo sta prendendo quota	farm holidays are becoming more popular/are on the increase
ma con la crisi economica le famiglie hanno meno soldi da spendere	but with the economic crisis families have less money to spend
di conseguenza passano meno tempo in vacanza	consequently they spend less time on holiday
nel tentativo di risparmiarsi i soldi che peraltro non hanno	in the attempt to save themselves the money that they haven't got anyway
ma alla fine il richiamo della spiaggia è troppo potente	but eventually the call of the beach is too powerful
e si carica tutto sulla carta di credito	and they load everything on to the credit card
e via a godersi l'estate!	and away (they go) to enjoy the summer!

---

 www.enit.it *This is the national tourist information office with information covering the whole of Italy. In addition, each region and city has its own tourism website, e.g:*
www.romaturismo.it
www.emiliaromagnaturismo.it
www.turismo.toscana.it
www.siciliaturismo.com

5 I rapporti umani

5.1.1 Infanzia   Infancy

essere incinta risultare incinta rimanere incinta	to be pregnant
la gravidanza	pregnancy
nel sesto mese di gravidanza	in the sixth month of pregnancy
l'ostetrico/l'ostetrica	obstetrician
la levatrice/l'infermiera ostetrica	midwife
la nascita	birth
l'atto di nascita	birth certificate
l'indice (m)/il tasso di natalità	birth rate
partorire	to give birth
il lieto evento	the happy event
dare alla luce	to give birth
il neonato	the newborn, new baby
un maschietto	a baby boy, little boy
una femminuccia	a baby girl, little girl
il parto	birth (i.e. the act of giving birth)
un parto senza complicazioni	a birth without complications
il/la lattante	breast-fed baby
i pannolini	nappies, diapers
gli assegni familiari	family benefit; child allowance
i gemelli/le gemelle	twins
figlio unico/figlia unica	only child
il battesimo	baptism, christening
la prima comunione	first communion
la cresima	confirmation
birichino/a	mischievous, impish
un piccino/una piccina, un/a piccinino/a	a little one, child etc
coccolare	to cuddle
baciare	to kiss
abbracciare	to embrace
viziare	to spoil

ha partorito	she has given birth
ha avuto un bambino	she has had a baby
ha dato alla luce	she has given birth to, has had
un bel maschietto dopo la piccola femminuccia	a lovely little boy after the little girl
sarà un birichino come la sua sorellina	he'll be a little rascal like his sister
il parto non è stato difficile...meno male	the birth was not difficult...just as well
c'è molto da preparare quando c'è un neonato in casa	there's a lot to prepare when there's a new baby in the house
bisogna comprare i pannolini	one has to buy nappies
e poi c'è tutto il mobilio per la camera da letto del bambino	then there is all the furniture for the baby's bedroom
gli alimenti speciali per bambini	special baby food
a parte la spesa in soldi c'è anche la spesa in energia	besides the financial expense there is also the expense of energy
non quella elettrica, ma quella fisica e psicologica	not electrical energy, but physical and psychological
addio sonno profondo – torna presto!	farewell deep sleep – come back soon!
cosa stanno combinando quei bambini?	what are those children getting up to?
si vede che sono viziati	you can see they are spoiled
si dice che l'infanzia sia il periodo più bello della vita	they say that childhood is the best time of one's life
dovrebbe esserlo, ma in molti casi purtroppo non è così	it ought to be, but in many cases sadly it is not like that
in molti paesi poveri c'è un indice di mortalità infantile elevata	in many poor countries there is a high infant mortality rate
dovuta a pessime condizioni di vita e alla malnutrizione	due to terrible living conditions and malnutrition
ma più spesso i bambini sono coccolati e talvolta anche viziati	but more often children are cuddled and sometimes spoiled
quando cominciano a crescere vengono le feste da celebrare	when they start to get older along come all the special occasions to be celebrated
come i compleanni, la prima comunione, la cresima e via discorrendo	such as birthdays, first communion, confirmation, and so on

5.1.2 Gioventù Youth

la compagnia	group of friends
i compagni, gli amici/le amiche	friends
i compagni di scuola	school friends
i giovani/la gioventù	young people/youth
la giovinezza	youth *(i.e. youthfulness – not 'young people')*
gli adolescenti	adolescents
andare in giro	to go around
andare in gruppo ⎫ in compagnia ⎭	to go around in a crowd (of friends)
un gruppo di ragazzi spensierati	a group of carefree youngsters
fare la conoscenza di qualcuno	to make someone's acquaintance
incontrarsi, trovarsi, ritrovarsi	to meet
dove ci incontriamo/troviamo/ ritroviamo?	where shall we meet?
al solito posto/ritrovo	at the usual place
la condotta	behaviour, conduct
lo spirito di ribellione/di rivolta	the spirit of rebellion/revolt
una banda di giovani scalmanati	a gang of young louts/hotheads
un fannullone	a layabout; a good-for-nothing
un combinaguai	troublemaker
un guaio	trouble
combinare guai	to cause trouble
essere nei guai	to be in trouble
l'amicizia	friendship
stringere/fare amicizia (con...) ⎫ allacciare un'amicizia (con...) ⎬ fare amicizia (con...) ⎭	to strike up a friendship (with...)
avere legami d'amicizia con...	to be friendly with...
provare (avere) simpatia per qualcuno	to like (have a liking for) someone
essere simpatico/a a qualcuno	to be agreeable to someone
mi è simpatico/a	I like him/her
lo/la trovo simpatico/a	I find him/her likeable (I like him/her)
andare d'accordo	to get on well together
vanno molto d'accordo	they get on very well together
l'amore	love
l'innamorato/l'innamorata	boy/girlfriend; sweetheart
gl(i)'innamorati	sweethearts
innamorarsi di qualcuno	to fall in love with someone
prendersi una cotta (una cottarella) per qualcuno	to have a crush on someone
il fidanzato/la fidanzata	fiancé(e); boy/girlfriend *(the more normal meaning nowadays)*
il mio ragazzo/la mia ragazza	my boyfriend/my girlfriend

l'amante (m/f)	lover; mistress (nowadays used in this sense rather than simply sweetheart)
stare con qualcuno	to go out with someone
uscire insieme	to go out together
legare	to 'click', get on well
abbiamo legato subito	we clicked straightaway
avere una relazione	to have a relationship (i.e. an affair)
convivere	to live together
il/la convivente (official language) il compagno/la compagna	partner
la convivenza	cohabitation, living together
rompere, lasciarsi	to split up
le passioni	enthusiasms
avere una passione per...	to have a passion for, great enthusiasm for ...; to be a fan of...
la musica pop/rock	pop/rock music
il brano, la canzone	song
un motivo/una canzone di successo	hit number
quello/a che va per la maggiore	the most popular
essere 'in'	to be 'in', 'cool'
è una moda molto 'in'	it's a very 'cool' fashion
la moda di ultimo grido	the very latest fashion
una chat line	a chat line (pronounced as in English)
un sito chat	an internet chat site
chattare	to chat (on internet)
chiacchierare	to chat (in the ordinary everyday sense)
fare quattro chiacchiere	to have a chat

i giovani amano andare in giro tra amici	young people like going around with friends
per loro è importante far parte di un gruppo	it's important for them to be part of a group
hanno un loro ritrovo preferito	they have their own special meeting place
dove s'incontrano volentieri	where they like to meet
per stare insieme a chiacchierare	to be together and chat
è simpatico andare in gruppo	it's great to go around in a crowd

ci piace ascoltare la musica	we like listening to music
soprattutto i motivi di successo	especially the hit numbers
che sono quelli che vanno per la maggiore	which are the most popular ones
spesso i giovani si sentono incompresi	young people often feel they are not understood
e così qualche volta si ribellano	and so they sometimes rebel
ma sono soltanto spensierati, non cattivi	but they are only carefree, not bad
molto spesso vi è un'immagine negativa della gioventù di oggi	there is very often a negative image of the youth of today
la gioventù di oggi non è come ai tempi della mia giovinezza, si sente dire	today's young people are not the same as in my young days, you hear people say
i media mettono in risalto	the media emphasise/give prominence to, headline
bande di giovani scalmanati fuori controllo	gangs of young louts out of control
fannulloni e combinaguai	layabouts and troublemakers
mentre questi sono in verità una minoranza	while these are in truth a minority
la maggior parte è gente pacifica	the majority are peaceful people
anzi, sono più altruisti degli adulti	in fact, they are more altruistic than adults
forse i vecchi sono gelosi della spensieratezza dei giovani	maybe the old are jealous of the carefree attitude of the young
s'innamorano, e poi si raffreddano/ si stufano l'uno dell'altro	they fall in love, and then they cool/go off each other
convivono, e poi si lasciano	they live together, and then they split up
sono esperti di computer e di internet	they are experts in computers and the internet
vanno in giro con l'auricolare sempre attaccato all'orecchio	they go around with the earpiece always stuck to their ears
inconsci del traffico che passa	oblivious of the passing traffic
è un modo di essere 'in'	it's a way of being 'cool'
beati loro!	lucky them!
poi finiscono per diventare cittadini esemplari	then they finish up becoming exemplary citizens
che si lamentano della nuova generazione	who complain about the new generation

5.1.3 Funerali   Funerals

l'atto di decesso	death certificate
la morte	death
il trapasso/la dipartita	death *(poetic)*
la scomparsa	death *(euphemistic, i.e. disappearance)*
il defunto, il deceduto, lo scomparso	the deceased (person)
morire	to die
mancare (venire a mancare)	to die, pass away *(euphemistic)*
il caro estinto	the dear departed
il compianto...	the late lamented...
il compianto collega	late colleague
mio povero marito	my late husband *(more familiar than compianto)*
mia zia, buon'anima	my late aunt *(lit.* my aunt, Lord rest her soul*)*
il vedovo/la vedova	widower/widow
la signora Martini, vedova Rossi	Mrs Martini *(i.e. her own name)* widow of Rossi *(in official documents the woman is known by her maiden name)*
il fu Signor X	the late Mr X *(bureaucratic language)*
le pompe funebri	undertakers
il funerale/i funerali	funeral *(either singular or plural can be used)*
la bara, il feretro	coffin
parato a lutto	draped in black
il lutto	mourning
la corona	wreath
i crisantemi	chrysanthemums
la camera ardente	chapel of rest, funeral chamber
la veglia (funebre)	wake
il cimitero (il campo santo)	cemetery
il crematorio	crematorium
la tomba	grave; tomb
la lapide	gravestone
fare le condoglianze a qualcuno	give one's condolences to someone
il cordoglio	grief; mourning
un lutto in famiglia	a death in the family
chiuso per lutto	closed for bereavement
superare lo choc	to get over the shock
il cimitero	cemetery
seppellire, sotterrare, interrare	to bury
sepolto	buried
la sepoltura	burial

il corteo (funebre)	cortege
la messa da requiem	requiem mass
il patrimonio	inheritance
l'eredità	legacy; inheritance
lasciare in eredità	to leave as a legacy; leave in a will
gli eredi	the heirs
il testamento	the will
il giorno dei morti (2 novembre)	All Souls' Day (2 November) *(remembrance day of the dead)*

un funerale è sempre un'occasione triste	a funeral is always a sad occasion
il corteo sfila per le vie	the cortege winds through the streets
a passo d'uomo	at walking pace
qualche autista s'arrabbia per la lentezza	the occasional car driver gets angry at the slowness
poi pensa: 'potrei esserci io'	then he thinks: 'that could be me there'
vengono tutti i parenti e gli amici stretti	all the relatives and close friends come
con l'abito nero, portando il lutto	wearing black clothes/mourning
o per lo meno mettono la cravatta nera	or at least they put on a black tie
si piange per il caro estinto	they weep for the dear departed
si depone una corona sulla tomba	they lay a wreath on the grave
e si pensa al testamento	and think of the will
poi fanno le condoglianze	then they give their condolences
e lasciano la famiglia al suo cordoglio	and leave the family to their grief
i funerali hanno forme diverse in paesi diversi	funerals take different forms in different countries
ma sono sempre manifestazioni solenni (di una certa solennità)	but they are always solemn occasions (of some solemnity)
nonostante la tristezza dell'occasione	despite the sadness of the event
in alcuni paesi la veglia tradizionale viene passata in un'atmosfera di convivialità	in some countries the traditional wake takes place in an atmosphere of conviviality
è duro quando ci viene a mancare una persona cara	it is hard when you lose someone dear to you
talvolta è difficile superare lo choc	it is sometimes difficult to get over the shock
se si è circondati dalla famiglia il dolore può essere attutito/alleviato/ridotto	if someone has the family around, the pain can be softened/lessened/reduced

ci sono sempre le pratiche ufficiali da sbrigare	there are always the official procedures to deal with
per non parlare delle procedure relative al patrimonio	not to mention the procedures regarding the estate
la vita è difficile, ma non è che la morte sia facile	life is difficult, but that's not to say that death is simple
è tradizione andare al cimitero nel giorno dei morti	it is traditional to visit the cemetery on All Souls' Day
si depongono fiori sulle tombe dei familiari	flowers are laid at the graves of family members
siccome è novembre i fiori sono per lo più crisantemi	since it is November the flowers are mostly chrysanthemums
perciò non si portano mai i crisantemi quando si va in visita a degli amici	so you never bring chrysanthemums when you go visiting friends
l'associazione con il cimitero è troppo presente	the association with cemeteries is too evident

5.2 Vita familiare — Family life

la famiglia	family
il nucleo familiare	the family; family unit
il capofamiglia	head of the household
i familiari	family members
i genitori	parents
i parenti	relatives (it never means parents)
la parentela	relationship (in the family sense) (can also be used as a collective noun for parenti)
i legami di parentela di famiglia	family relationships
la parentela fra le lingue latine	the relationship between the Latin/Romance languages
i nonni	grandparents
gli zii	uncles and aunts
il/la nipote	nephew/niece; grandson/granddaughter (this can be clear from the context, but is sometimes ambiguous and needs further clarification, e.g. mio nipote, cioè il figlio di mia sorella)
il nipotino/la nipotina	grandson/granddaughter (there is no ambiguity when the diminutive is used – it always stands for grandchildren)
i nipotini	grandchildren

il suocero/la suocera	father-in-law/mother-in-law
il genero	son-in-law
la nuora	daughter-in-law
scapolo *(adj and noun* lo)	bachelor; unmarried (male)
nubile *(adj and noun* la)	single woman; unmarried (female), *(but not used much now outside official documents. The more current expression is* single, *e.g.* 'Sei sposata?' 'No, sono single'*)*
i vecchi, gli anziani	old people, the elderly
sposarsi con qualcuno } sposare qualcuno	to marry someone
ha sposato Marco } si è sposata con Marco	she married Marco
lo sposo (il marito)	bridegroom (husband)
la sposa (la moglie)	bride (wife)
gli sposi, i coniugi	bride and groom, married couple
il testimone	best man
i chierichetti	altar boys
il viaggio di nozze } la luna di miele	honeymoon
la lista di nozze	wedding gift list
la coppia di fatto	'de facto' couple (unmarried couple)
divorziare (il divorzio; divorziato/a)	to divorce (divorce; divorced)
separarsi (la separazione; separato/a)	to separate (separation; separated)
affidare	to grant/award custody *(i.e. of child)*
la figlia affidata al padre	custody of the daughter awarded to the father
il compleanno	birthday
l'onomastico	name day; saint's day
la data di nascita	date of birth
compiere gli anni	to have a birthday
l'abitazione	**housing**
una casa (villetta) unifamiliare	detached house
l'appartamento	flat, apartment
il palazzo	building; block of flats *(not necessarily a palace)*
in affitto	rented
affittare	to rent
affittasi; vendesi *(plurals:* affittansi; vendonsi*)*	for rent; for sale *(as printed on adverts and notices)*
il mutuo	mortgage
il prestito bancario	bank loan

appartamento di cinque vani/di cinque locali	five room apartment/flat
due camere, cucina e bagno	two bedrooms, kitchen and bathroom
tre locali più servizi	three rooms plus kitchen and bathroom
doppi servizi	two bathrooms
il salotto/(sala di) soggiorno	sitting room/living room
l'ingresso	hallway (entrance)
la sala da pranzo	dining room
il box	lock-up garage

i legami di famiglia sono ancora forti in Italia	family relationships are still strong in Italy
la famiglia mangia insieme attorno alla tavola	the family eat together at the table
è bello fare una festa in famiglia	it's nice to have a family party
per festeggiare un compleanno	to celebrate a birthday
o qualcos'altro	or something else
se l'appartamento è troppo piccolo si va al ristorante	if the flat is too small they go to a restaurant
se la casa ha il giardino si mangia all'aperto	if the house has a garden they eat outside
noi abitiamo in una casa unifamiliare	we live in a detached house
noi invece siamo in un appartamento di quattro locali più servizi	we, on the other hand, are in a flat with four rooms plus kitchen and bathroom
abbiamo anche un box	we also have a lock-up (garage)
la mia amica compie gli anni il mese prossimo	my friend has a birthday next month
siamo parenti per via dei nonni	we're related through our grandparents
tutta la parentela sarà alla festa	all the relatives will be at the /party
quand'è il tuo compleanno?	when is your birthday?
il primo luglio	the first of July
e l'onomastico?	and your name day?
mi chiamo Giuseppe, dunque il diciannove marzo, festa di San Giuseppe	I'm called Giuseppe, so the 19th of March, St Joseph's day

il nucleo familiare ricopre un ruolo molto importante nella società italiana	the family unit plays an important role in Italian society
anche se, con le pressioni della vita moderna, sta perdendo importanza	even if, with the pressures of modern life, it is losing ground
gli studenti tendono a rimanere a casa invece di andare a vivere da soli	students tend to live at home instead of setting up on their own
sarà per una questione di costi	it is probably down to expense
giacché spetta ai genitori sobbarcarsi (assumersi) gran parte delle spese per gli studi	since it is up to the parents to take on most of the educational expenses
ma ai giovani piace stare nella casa familiare	but the young people like staying in the family home
per loro è una cosa normalissima, al contrario dell'atteggiamento nei paesi del nord	for them it's a very normal thing, as opposed to the attitude in the northern countries
certo ce ne sono delle eccezioni, delle famiglie in cui genitori e figli non vanno d'accordo	of course there are a fair number of exceptions, families in which parents and offspring don't get on
in quei casi allora può darsi che un figlio (o una figlia) scappi via	in those cases then it may be that a son (or daughter) runs away
ma forse dopo torna a casa come il figliol prodigo	but maybe he comes back home afterwards like the prodigal son

 www.tecnocasa.it *Everything related to house purchase and rent.*

5.3 La scuola   School

la scolarità	school attendance
marinare, bigiare la scuola	to play truant, bunk off school
frequentare la scuola	to go to (attend) school
la scuola dell'obbligo	compulsory education
la scuola materna (*also* l'asilo)	nursery school
elementare/primaria	primary school
media/secondaria di primo grado	junior secondary (high) school
la cartella	schoolbag
il maestro/la maestra ⎫ l'insegnante (*m/f*) ⎭	teacher

il liceo	senior secondary (high) school
liceo classico	high school specialising in classics
scientifico	sciences
linguistico	languages
artistico ecc.	art etc
il professore/la professoressa	teacher *(in high school)*
dare gli esami	to take/sit exams
l'esame di maturità (la maturità)	final school exam *(baccalaureate/ A Level etc)*
essere promosso/a (agli esami)	to pass (the exams)
essere bocciato/a	to fail
superare la prova	to pass the test
essere rimandato	to fail; to be made to re-sit
la pagella	report card
i voti	the marks/grades *(traditionally a 1–10 system, but other systems are now being introduced)*

mi piace la mia scuola perché i professori sono simpatici	I like my school because the teachers are pleasant/likeable
a lui non piace, perché dice che gli insegnanti sono noiosi	he doesn't like it because he says the teachers are boring
due persone, due punti di vista	two people, two points of view
lui prende sempre voti bassi	he always gets low marks/grades
e poi marina le lezioni	and then he skips his classes
agli esami viene bocciato	he gets failed in the exams
i genitori non sono contenti quando vedono la pagella	his parents are not pleased when they see the report card
è intelligente però, solo pigro	he is intelligent however, just lazy
non va d'accordo con la professoressa	he doesn't get on with the teacher
non s'intendono/non si capiscono	they don't understand each other

il sistema scolastico italiano dipende dal Ministero dell'Istruzione, dell'Università e della Ricerca	the Italian education system is under the authority of the Ministry of Education, University and Research
ci sono scuole ed istituti privati (in gran parte gestiti dalla chiesa) ma tutti sono soggetti a norme e regolamenti nazionali	there are private schools and colleges (to a large extent run by the church) but all are subject to national rules and regulations
i docenti (maestri e professori) sono funzionari di stato	the teachers (primary and secondary teachers) are civil servants employed by the state
l'esame di maturità è l'esame finale della scuola secondaria	the 'maturity' exam is the final secondary school examination

consiste in tre prove scritte ed un colloquio di suppergiù un'ora in presenza di una commissione esaminatrice	it consists of three written tests and an interview of about an hour with an examining panel
ci sono anche dei crediti accordati per il rendimento scolastico degli ultimi tre anni	there are also credits awarded for school performance over the last three years
la promozione dà diritto di accedere all'università o ad altri istituti superiori	success gives the right to study at university or other institutes of higher education
per alcune facoltà vige il cosiddetto numero chiuso	for some faculties the so-called restricted entry is in force
per l'ammissione a queste facoltà ci sono dei test d'ingresso emessi dal ministero	for admission to these faculties there are entry tests set by the ministry

---

www.guidamaturita.it *A guide to the end of school exam.*
www.simone.it/orientamento/numero *A guide to the tests and regulations for university entry.*
www.istruzione.it *The official site of the ministry.*

5.4 Comportamenti   Behaviour

le buone maniere, la buona educazione	good manners
la cortesia	politeness, courtesy
per favore, per piacere, per cortesia	please
la maleducazione, la scortesia	bad manners, discourtesy
educato/maleducato cortese/scortese }	well-mannered/ill-mannered
mancare d'educazione	to lack good manners
il rispetto	respect
una mancanza di rispetto	a lack of respect
il riguardo	regard, consideration
un ospite di riguardo	a distinguished (honoured) guest
mancare di riguardo verso qualcuno	to show a lack of consideration to someone
irriguardoso/a, poco rispettoso	disrespectful
sgarbato/a	rude
in maniera irriguardosa	in a disrespectful manner
sgarbata	rudely

gentile, cortese, garbato/a	polite, courteous
in maniera gentile/cortese/garbata	politely etc.
fare uno sgarbo a qualcuno	to be rude to someone
fare un dispetto	to do a bad turn
dispettoso/a	spiteful; ill-mannered
essere in confidenza con	to be on familiar terms with
prendersi delle confidenze con	to take liberties with
fiducioso/a	confident; trusting
essere fiducioso/a (avere fiducia) nelle proprie capacità	to trust in one's own abilities

la cortesia è una bella cosa	politeness is an attractive thing
è meglio essere educato piuttosto che maleducato	it's better to be well-mannered than rude
mostrate un po' di rispetto verso gli anziani	show a bit of respect to old people
non siate dispettosi	don't be spiteful
fare un dispetto a qualcuno non è bello	it's not nice to do someone a bad turn
specie se sei in confidenza con la persona	especially if you are friendly with the person
con le buone maniere si ottiene tutto	good manners will get you everything
fare una scortesia non è bello	to do an unkindness/to act rudely is not nice
conosco una persona molto sgarbata	I know a very ill-mannered person
si è preso delle confidenze con me	he took liberties with me
lo ha fatto per dispetto	he did it out of spite
le buone maniere non nocciono	good manners don't do any harm
la cortesia sembrerebbe passata di moda	politeness would seem to be out of fashion
c'è molta maleducazione in giro	there is a lot of ill-mannered behaviour around
comportamenti irriguardosi sono spesso all'ordine del giorno	rude behaviour is often a daily occurrence
invece di chiedere gentilmente	instead of asking politely
in maniera garbata e civile	in a polite and civil manner
si è abituati a sentire	one is accustomed to hearing
linguaggio volgare e parolacce	vulgar language and swear words

quelli che studiano una lingua straniera	those who are learning a foreign language
spesso non appr̲ezzano la distinzione	often don't appreciate the distinction
tra un linguaggio accett̲abile	between acceptable language
e quello che non si dovrebbe adoperare di s̲olito in compagn̲ia	and that which you should not use in normal company
a forza di voler mostrare una certa dimestichezza con la lingua	by dint of wanting to display a certain familiarity with the language
finiscono spesso per fare delle gaffe che fanno arrossire	often finish up committing gaffes which make you/one blush

6 Società

la disoccupazione	unemployment
la giustizia sociale	social justice
la società dei consumi	the consumer society
l'assistente sociale (m/f)	social worker
sforzarsi	to try one's best; go out of one's way
bambini maltrattati	ill-treated children
famiglie sfrattate	evicted families
sfrattare	to evict
lo sfratto	eviction
la malnutrizione	malnutrition
bambini malnutriti/denutriti	malnourished/undernourished children
anziani che vivono da soli	old people living on their own
la casa di riposo ⎫	
il ricovero per anziani ⎭	old people's home
l'alcolismo/un alcolizzato	alcoholism/an alcoholic
ubriacarsi	to get drunk
ubriaco/a	drunk
un ubriacone	a drunk
l'ubriachezza/ebbrezza	drunkenness, intoxication
guida in stato di ebbrezza	drink driving
prendersi una sbornia	to go on the binge, get plastered
il gioco (d'azzardo)	gambling
un giocatore/una giocatrice d'azzardo	gambler
scommettere	to bet
scommettere su/puntare su...	to bet on...
la scommessa	the bet
un casinò	a casino (*NB* un casino *is* a brothel, *often adapted to mean a state of shambles*)
una bisca (clandestina) (*pl* bische)	(illegal) gambling joint
la malvivenza	crime; criminal activity
la malavita	the underworld; gangland; criminals
i ladri	thieves
il furto	robbery
gli scassinatori, gli svaligiatori, i ladri	burglars

58

l'immigrazione	immigration
l'immigrazione clandestina	illegal immigration
i clandestini	illegals (illegal immigrants)
gli extracomunitari	people from outside the EU
i senza tetto (or senzatetto)	the homeless (lit. without a roof)
i profughi (sing profugo)	refugees
una ragazza madre/le ragazze madri	single mother/s
il sovraffollamento nelle città	overcrowding in the cities
l'urbanistica	town planning

6.1.1 La droga   Drugs

droghe leggere/pesanti	soft/hard drugs
gli stupefacenti	drugs, narcotics
il/la drogato/a il/la tossicodipendente }	drug addict
la lotta contro la droga	the fight against drugs
tossico/a	toxic
la tossicodipendenza	drug addiction
il trattamento/la cura	treatment
la riabilitazione	rehabilitation
uno spinello (slang)	a joint
farsi uno spinello	to roll a joint
fumare uno spinello	to smoke a joint
bucarsi (slang)	to shoot up; inject
lo spaccio (della droga)	drug dealing, pushing
lo spacciatore	dealer, pusher
spacciare	to deal, push, peddle

ci sono molti problemi sociali oggi	there are many social problems today
soprattutto nelle grandi città	especially in the big cities
molta gente non ha un alloggio	many people do not have a place to live
devono dormire fuori per la strada	they have to sleep out in the streets
sono i senzatetto	they are the homeless
molti sono profughi che vengono da paesi poveri	many are refugees who come from poor countries
che sono immigrati clandestini	who are illegal immigrants
quindi non hanno documenti ufficiali	so they don't have any official papers (documents)
perciò gli assistenti sociali non possono aiutarli	therefore the social workers cannot help them

diventano facilmente vittime della malavita	they easily become victims of the criminal underworld
altre famiglie povere vengono sfrattate	other poor families lose their homes/are evicted
c'è anche il problema della droga	there is also the drug problem
non solo tra i più poveri	not only among the poorest
i problemi sociali si manifestano soprattutto nei grandi centri urbani	social problems are particularly evident in the large urban centres (cities)
il servizio di assistenza sociale si sforza di alleggerire i disagi	social services try their best to alleviate the hardships
ma spesso fa solo un buco nell'acqua	but often they get nowhere *(lit.* they just make a hole in the water*)*
gli assistenti sociali sono chiamati a lottare contro gli effetti della droga	social workers have to (are called to) fight against the effects of drugs
soprattutto per quanto riguarda le famiglie	especially with regard to families
la tossicodipendenza può rovinare la vita	drug addiction can ruin a life
non solo dello stesso drogato ma anche quella di tutta la sua famiglia	not only of the addict himself but also that of all his family
poi non bisogna dimenticare la situazione degli anziani in una società urbana	then we mustn't forget the situation of the elderly in an urban society
è colpa di un atteggiamento egoista da parte della società dei consumi?	is it down to a selfish attitude on the part of the consumer society?
oppure uno dei risultati di un'urbanistica sbagliata?	or one of the results of wrong-headed town planning?
chi lo sa?	who knows?
molti argomenti sono stati avanzati ma i problemi rimangono	many reasons have been put forward but the problems remain

---

www.droga.net *Website on drugs and drug addictions.*
www.cestep.it/alcolismo.htm *Website on alcoholism.*

6.2 L'ordine pubblico   Law and order

6.2.1 In tribunale   At the law courts

il tribunale	(law) court
l'aula	courtroom
il processo	trial
giudicare	to try; to judge
fare causa a qualcuno	to take someone to court; sue
sporgere querela contro qualcuno	to start an action against someone
querelare qualcuno	to sue someone
il querelante/la parte civile	the plaintiff
costituirsi parte civile	to sue (for damages)
denunciare qualcuno	to complain; inform against someone; report someone (to the police)
il giudice, il magistrato	judge, magistrate
il pubblico accusatore } il pubblico ministero (*abbreviated to* pm)	public prosecutor
il difensore	defending advocate/barrister
l'avvocato (*now also* l'avvocata *and* l'avvocatessa)	lawyer *(both* solicitor *and* advocate/barrister)
l'accusato, l'imputato	the accused, defendant
l'accusa	accusation, charge; prosecution
la difesa	defence
essere sul banco degli imputati	to be in the dock
l'istruttoria	preliminary investigation; committal proceedings
il reato, il delitto	crime, offence *(specific)*
la delinquenza	crime *(generic)*
il delinquente	criminal *(can also have the softer sense of* delinquent*)*
il criminale } il malvivente	criminal
la criminalità	criminality; crime *(generic)*
la criminalità organizzata	organised crime
i boss della criminalità	the crime bosses (barons)
l'indice di criminalità	crime figures
la contravvenzione	minor offence; misdemeanour
la multa	fine

il carcere, la prigione	prison, jail
fu condannato a due anni di carcere	he was sentenced to two years in jail
tre anni di reclusione	three years imprisonment
in galera	in jail *(more colloquial and a bit stronger)*
mandare in galera	to send to jail
sbattere dentro *(coll)*	to put behind bars; bang up
è finito in galera	he finished up in jail
i prigionieri, i detenuti	prisoners
il carceriere/il secondino	prison warder
scarcerare	to release from prison
rilasciato (in libertà) sulla parola	released on parole
scontare la pena	to serve the sentence
la sentenza	judgement *(i.e. decision)*
emettere la sentenza	to pass judgement
la condanna, la pena	sentence
ordine di prestare servizi alla comunità (in sostituzione della pena detentiva)	community service order *(as an alternative to imprisonment)*
il verdetto	verdict
l'ergastolo	life sentence, life imprisonment
condannato all'ergastolo	given a life sentence
la pena di morte	death sentence
assolvere	to acquit
l'omicidio, l'assassinio	murder
l'omicida, l'assassino	murderer
assassinare, uccidere	to murder
è stato assolto dall'accusa di omicidio	he was acquitted of the murder charge
e dichiarato/pronunciato innocente	and declared/pronounced innocent
colpevole/incolpevole, innocente	guilty/innocent
incolpare	to accuse, blame
discolpare/scagionare	to clear/exculpate/exonerate
la testimonianza	testimony
il/la testimone (oculare)	(eye)witness
'fatta la legge, trovato l'inganno'	'the law no sooner made than the loophole found'

6.2.2 La polizia   The police

la Polizia di Stato	State Police
i carabinieri (l'Arma dei Carabinieri)	paramilitary gendarmerie
le forze dell'ordine	forces of law and order
la questura	main police station
i vigili urbani	local police *(responsible mainly for traffic, breaches of the peace and misdemeanours)*
il vigile/la vigile *(vigilessa is becoming more common, if not entirely welcomed by many policewomen)*	local policeman/woman
i Vigili del Fuoco	Fire Brigade
l'incendio	fire
prendere fuoco	to catch fire
appiccare il fuoco a...	to set fire to...
divampare	to spread
domare	to bring under control
spegnere il fuoco/l'incendio/le fiamme	to put out the fire/flames

il tribunale è dove si fanno i processi	the law court is where they have trials
ci sono gli avvocati per l'accusa e gli avvocati per la difesa	there are the lawyers for the prosecution and the lawyers for the defence
la giuria dà il suo verdetto	the jury gives its verdict
il giudice pronuncia la sentenza	the judge passes judgement
e decide la condanna	and decides the sentence
la polizia indaga sui delitti	the police investigate (the) crimes
arresta i colpevoli	arrest the guilty
e li mette sotto processo	and send them for trial
i vigili del fuoco fanno un lavoro pericoloso	the fire brigade (fire fighters) have a dangerous job
sono tutti indispensabili nella società di oggi/nella società odierna/al giorno d'oggi	they are all indispensable in today's societ/today

il pubblico ministero chiedeva la massima condanna	the public prosecutor asked for the maximum sentence
il giudice condannò l'imputato alla pena dell'ergastolo	the judge gave the accused a life sentence
l'altro imputato fu dichiarato innocente	the other accused was declared not guilty
lo scagionò la testimonianza attendibile d'un testimone oculare	he was cleared by the reliable testimony of an eyewitness

i vigili del fuoco sono intervenuti per domare un grosso incendio	the fire brigade stepped in to bring a big fire under control
le fiamme divampavano da tutte le parti	the flames spread everywhere
uno scontro	a clash
scontri in piazza tra studenti e polizia	clashes in the main square (on the streets) between students and police *(note the use of* in piazza *for* on the streets)
la gente è scesa in piazza in segno di protesta	the people came out (on to the streets) in a sign of protest
si sono scontrati con le forze dell'ordine	they clashed with the police forces
la celere/la polizia anti-sommossa	the riot squad/riot police
è arrivata per stroncare i disordini	arrived to put down the disturbances
che divampavano in altre zone	which spread over into other districts
dopo un po' gli animi si sono calmati	after a while things calmed down/tempers cooled
manifestazioni contro le riforme alle pensioni	demonstrations against the pension reforms
sfilate di manifestanti lungo le vie della città	processions (lines) of protesters (demonstrators) through the city streets

6.2.3 Indagini — Investigations/inquiries

il commissariato	branch police station
il questore	investigating head of police station *(equivalent to* police commissioner, *or* chief constable*)*
il commissario	detective inspector
l'investigatore/investigatrice	investigator; detective
il poliziotto/la poliziotta/l'agente di polizia	policeman/policewoman
il cane poliziotto	police dog
un'indagine *(f)*	an investigation, a case
indagare	to investigate
l'indagato/a, l'indiziato/a	suspect *(person under investigation)*
l'indizio/gli indizi	clue(s)
la pantera	police car *(slang but now in general use)*
la volante	flying squad *(also used for* police car)

il luogo del delitto/reato	the scene of the crime
arrestare, fermare	to arrest
in stato di fermo	under arrest, detained, held (by the police)
mettere le manette	to handcuff
costituirsi	to turn oneself in/give oneself up
l'inseguimento	pursuit
inseguire	to follow, pursue
all'inseguimento di...	in pursuit of....
latitante (adj and noun)	fugitive, runaway
il/la ricercato/a	wanted person; fugitive
pedinare	to tail, follow
seminare	to lose, shake off
essere sulle tracce di...	to be on the trail of...
seguire le tracce	to follow the trail
perdere le tracce	to lose the trail
fiutare (e.g. il pericolo)	to scent (e.g. danger)
dare la caccia a...	to chase/go after...
la caccia all'uomo	manhunt
rastrellare	to round up
il rastrellamento	round-up
mani in alto!	hands up!
vuotare il sacco	to spill the beans, come clean, talk
cogliere con le mani nel sacco	to catch red-handed (lit. with their hands in the bag)
ricattare	to blackmail
il ricatto	ransom; blackmail
rubare	to rob, steal
auto rubate	stolen cars
il furto	robbery, theft
fare/commettere un furto	carry out a robbery
il ladro	thief; robber
il complice	accomplice
taccheggiare	to shoplift
accusato/a di taccheggio (furto in un negozio)	accused of shoplifting
la frode/la truffa	fraud, swindle
truffatore/truffatrice	swindler
un imbroglio	swindle, trickery
un imbroglione	swindler
l'aggressione, la violenza fisica	assault, physical violence
aggredire	to assault
picchiare (a sangue)	to strike; to draw blood
venire alle mani	to come to blows
pugnalare	to stab
dare un pugno, dare/prendere a pugni	to punch
accoltellare	to knife, stab
violentare, stuprare	to rape

lo stupro	rape
rapire	to kidnap; abduct
il sequestro (di persona)	kidnap
sequestrare (beni)	to confiscate, sequester; impound (goods)
il pizzo	protection money
l'estorsione	extortion
rapinare	to rob
la rapina	robbery
il rapinatore	robber
una rapina in banca	a bank robbery
a mano armata	an armed robbery
scippare	to snatch (a handbag)
lo scippo	bag snatch
lo scippatore	bag snatcher
scappare	to run away
saccheggiare	to sack, loot; turn (a place) over
un negozio saccheggiato	a looted shop
a scopo di....	with the aim of, purpose of…
il malloppo, il bottino	swag, stolen goods, haul
i proventi del furto	the proceeds of the theft/robbery
scassinare la porta	to break down the door
forzare (scassinare) la serratura	to force the lock
scamparsela bella	to have a narrow escape

la polizia protegge il pubblico	the police protect the public
trovando e arrestando i criminali	finding and arresting criminals
ci sono molti tipi di reati	there are many types of crime
lo scippo oggi è molto comune nelle grandi città	bag snatching is very common in the cities today
viene fatto spesso da giovanotti in motocicletta	it is often done by youths on motorbikes
scippano la borsa e poi scappano via	they snatch the bag and then make off
si perdono nel traffico	they lose themselves in the traffic
esiste anche un traffico internazionale di auto rubate	there also exists an international trade (traffic) in stolen cars
spariscono dalle vie cittadine	they disappear from the city streets
per riapparire in capo al mondo	to reappear at the ends of the earth
con tutt'altra identità	with quite another identity

il commmissario conduceva l'indagine	the inspector was in charge of the case
affiancato da una squadra di investigatori scelti	supported by (at his side) a team of hand-picked detectives
erano sulle tracce di una banda di malviventi	they were on the trail of a gang of criminals
sospettati di essere coinvolti	suspected of being involved
in un reato di sequestro a scopo di ricatto	in a crime of kidnapping for ransom
due poliziotti pedinavano gli indiziati	two police officers trailed the suspects
ma questi sono riusciti a seminarli	but they (the latter) managed to give them the slip
poco dopo sono stati rintracciati	soon afterwards they were tracked down
dopo un rastrellamento delle solite facce	after a round-up of the usual suspects
e messi in stato di fermo/arrestati	and put under arrest/arrested
con le manette ai polsi	with handcuffs on
la persona sequestrata è stata poi liberata	the kidnap victim was then freed
era un commerciante che non voleva più pagare il pizzo	he was a businessman who did not want to carry on paying protection money
e così i criminali pensavano di rifarsi con un bel sequestro	so the criminals thought they would recoup their money with a nice kidnapping
un buon esito per la polizia	a notable success for the police
però la vittima se l'è scampata bella	but the victim had a close shave/a narrow escape
altri malviventi arrestati per spaccio	other criminals arrested for dealing (drugs)
colti con le mani nel sacco	caught red-handed
sequestrata una partita imponente di cocaina	a big consignment of cocaine confiscated
come pure un'ingente somma di denaro	as well as a considerable sum of money
che sarebbe i proventi illeciti delle loro attività	which would seem to be the illegal proceeds of their activities
con ogni probabilità	in all probability
un complice si è poi costituito	an accomplice then turned himself in

 www.poliziadistato.it/pds/index.html *The official website for the Polizia di Stato containing a wide range of themes and topics.*

7 Tempo libero

7.1 Svago · Recreation

divertirsi	to enjoy oneself
divertirsi un mondo	to have a great time
divertente	enjoyable, amusing
uno svago, un passatempo, un hobby	pastime, hobby, recreation
lo faccio per svago	I do it for relaxation/to pass the time
svagarsi	to relax; amuse oneself
rilassarsi (un po')	to relax (a little)
fare un po' di rilassamento 'relax' }	to have (take) some relaxation
distrarsi (mi distraggo)	to take one's mind off; have a break
passare il tempo	to pass the time
a tempo perso	in one's spare time
staccare la spina	to switch off, take a break

mi piace divertirmi il fine settimana — I like to enjoy myself at the weekend
    uscire con gli amici — going out with my friends
passo il weekend in compagnia — I spend the weekend with a group of friends

ad ascoltare (la) musica — listening to music
ho un amico che suona la chitarra — I have a friend who plays the guitar
e un altro che suona la batteria — and another who plays the drums
è un batterista molto bravo — he's a very good drummer
mi è piaciuto il film di ieri sera — I enjoyed the film last night
andare al cinema è uno dei miei svaghi preferiti — going to the cinema is one of my favourite pastimes
l'altro è non fare niente — the other is doing nothing
si chiama pigrizia — it's called laziness
o, con più eleganza, staccare la spina — or, more elegantly, switching off

mi diverto a curiosare in un negozio di antiquariato — I enjoy browsing around an antiques shop
lo faccio a tempo perso — I do it in my spare time
nei ritagli di tempo — in the odd time available
trascorrere il tempo libero — to spend one's free time
usufruire del tempo libero — to use/make use of one's free time
il modo di trascorrere il tempo libero è cambiato e si è evoluto — the way in which leisure time is used has changed and evolved

non è più questione soltanto di riposare dopo le ore di lavoro	it's no longer a question of simply resting after working hours
la gente vuole fare delle cose positive	people want to do positive things
radunarsi tra amici	get together with friends
mangiare fuori al ristorante	eat out in a restaurant
poi andare in palestra a smaltire i chili	then go to the gym to shed the kilos
seguire corsi di interesse artistico o culturale	go to art or culture classes
scoprire interessi più svariati	discover more varied interests
fare qualche sport	take part in some sport

7.2 Gli sport   Sports

praticare uno sport	to play a sport
il giocatore/la giocatrice	player
giocare a... (calcio, tennis ecc.)	to play... (football, tennis etc.)
la maglia	shirt *(i.e. sports or team top)*
i calzoncini/i pantaloncini	shorts
i calzini	socks *(normal)*
i calzettoni	socks *(sports)*
le scarpette	shoes
allenarsi	to train
l'allenamento	training
l'allenatore	coach
la società	club
la squadra	team
la rosa	squad *(i.e. from whom the team is picked)*
l'arbitro	referee, umpire
il/la guardalinee	linesman/woman
il fischietto	whistle *(also used as a jargon term for* referee *in football)*
la terna arbitrale	officials *(the referee and the two linesmen)*
fischiare	to whistle
fischiare (accordare, assegnare) un fallo	to whistle (give, award) a foul
la tribuna	stand
la tribuna d'onore	VIP stand; directors' box
le gradinate/gli spalti	terracing, terraces
i tifosi, i sostenitori	fans, supporters

la gara, la partita	match
giocare in casa	to play at home
in trasferta	away from home
la gara di andata	away leg/first leg
di ritorno	home leg/return leg
vincere la partita (partita vinta)	to win the match (match won)
perdere la partita (partita persa)	to lose the match (match lost)
pareggiare	to draw
giocare per il pareggio	to play for the draw
lo spareggio	play-off
il sorteggio	draw
sorteggiare	to draw *(i.e. draw out of the hat to select pairings etc)*
la vittoria/la sconfitta	win/defeat
primo tempo	first half
secondo tempo/la ripresa	second half
al decimo della ripresa	in the tenth minute of the second half *(i.e. after the restart)*
i tempi supplementari	extra time
il punteggio	score
il risultato	result
segnare (un punto/un gol)	to score (a point/a goal)
una rete (*also* un gol)	a goal (in football) (rete *means* net)
il fiato	breath
rifiatare	to take a breather/get one's breath back

7.2.1 Il calcio   Football (soccer)

il pallone	ball
il portiere	goalkeeper
i difensori (i terzini)	defenders (full-backs)
i centrocampisti (mediani)	midfielders (half-backs)
il regista	playmaker
gli attaccanti (le punte)	forwards
le fasce (le ali)	flanks (the wings, wingers)
il marcatore, il bomber, il realizzatore	goal-scorer
tirare in porta	to shoot at goal
il tiro	shot
il pallonetto	lob
il tiro a volo	volley
la rovesciata	overhead kick

la porta	goal(mouth)
lo specchio della porta	frame of the goal
la traversa	crossbar
i pali	goalposts
un traversone (*also* un cross)	a cross
rimessa laterale (rimessa con le mani)	throw-in
rimessa dal fondo	bye-kick
calcio d'angolo (*also* un corner)	corner kick
(calcio di) rigore (*also* un penalty)	penalty kick
il dischetto	the penalty spot
l'area di rigore	the penalty area
il fallo	foul
fuorigioco	offside
un colpo di tacco	a back heel
dribblare l'avversario	to dribble round (beat) an opponent
saltare l'uomo	to beat (go past) a man
fare una parata (parare)	to make a save (to save)
fare una finta (fintare)	to sell a dummy, make a feint (to dummy, feint)
abboccare la finta	to fall for the dummy, feint
lisciare, fare un liscio	to miskick
il cartellino giallo/rosso	the yellow/red card
essere espulso (l'espulsione)	to be sent off (the sending off)
i (campionati) mondiali (di calcio)	the football world cup
il campionato (lo scudetto)	championship (the shield)

7.2.2 Il tennis   Tennis

il servizio (nel tennis)	service (in tennis)
diritto (colpo di diritto)	forehand (forehand stroke)
rovescio (colpo di rovescio)	backhand (backhand stroke)
la schiacciata (lo smash)	smash
il pallonetto	lob
il punto di vantaggio	advantage point
net	let
quindici pari	fifteen all
quaranta pari	deuce
il/la raccattapalle	ballboy/girl
zero	love (*most other tennis terms retain the English*)

7.2.3 L'atletica leggera   Athletics

gli assoluti di atletica leggera	national athletics championships
le olimpiadi ⎫ i giochi olimpici ⎭	the Olympics, Olympic Games
il campione olimpionico (or olimpico)	Olympic champion
la corsia	lane (in athletics and other races)
il circuito	running track (horse-race track is l'ippodromo)
giro	lap; circuit
la corsa	race
la corsa a ostacoli	hurdle race
la corsa a staffetta	relay race
reggere fino in fondo	to go the distance, last the pace
il fondista	distance runner
il maratoneta	marathon runner
il velocista	sprinter
dare il via	to give the start
dare il segnale di partenza	give the starting signal
pronti...via!	ready, steady, go!
via!	go!

7.2.4 Il ciclismo   Cycling

la tappa	stage
la corsa a tappe (nel ciclismo)	stage race (in cycling)
una tappa a cronometro	a stage against the clock, time trial
una tappa di montagna	a mountain stage
la salita	the climb
la salita ripida	steep climb
lo scalatore	climber (cycling)
il percorso	route
a saliscendi	undulating
l'arrivo in gruppo	mass finish
la volata	sprint
l'arrivo in volata	sprint finish

7.2.5 Il nuoto   Swimming

stabilire un record/un primato	to set a record
dorso (nuotare a dorso)	backstroke (to swim backstroke)
rana	breast stroke
farfalla	butterfly
il tuffo	diving
il trampolino	springboard
il tuffo dal trampolino	springboard dive

7.2.6 Altri sport   Other sports

la pallacanestro (il basket)	basketball
la pallavolo	volleyball
il rugby	rugby
una meta	a try
la mischia	scrum
il golf	golf
bastone da golf	golf club (*i.e. that you play with*)
circolo di golf	golf club (*i.e. that you join*)
campo da golf	golf course
la buca	hole
il pallino	(golf) ball
il biliardo (*or* bigliardo)	billiards
la bilia (*or* biglia)	billiard ball
la stecca	billiard cue
lo sci	skiing
lo sci alpino; lo sci di fondo	Alpine skiing; crossing-country skiing
fare lo sci/lo sciatore, la sciatrice	to ski/skier
lo snowboard	snowboard(ing)
il pattinaggio (su ghiaccio)	(ice) skating
l'hockey su ghiaccio	ice hockey
l'equitazione	riding

lo sport più seguito in Italia è il calcio	in Italy the sport with the biggest following is football (soccer)
i tifosi fanno il tifo per la squadra del cuore	the fans support their (beloved) team
indossano i colori sociali	they wear the club colours
quando vanno a vedere la partita	when they go to watch the match

vogliono sconfiggere la squadra avversaria	they want to beat (defeat) the opposing team
per essere nel sorteggio per il prossimo girone della competizione	in order to be in the draw for the next round of the competition
un giocatore deve allenarsi bene	a player has to train well
altrimenti rimane fuori rosa	otherwise he is out of the squad
il tennis è uno sport individuale	tennis is an individual sport
donne e uomini possono giocare insieme al tennis	men and women can play tennis together
ma non nello sport professionistico	but not in the professional sport
il basket (la pallacanestro) è anche molto diffuso(a)	basketball is also very popular
specie (soprattutto) tra gli studenti	especially among students
il ciclismo è ancora molto diffuso	cycling is still very popular
c'è moltissimo interesse durante le grandi corse internazionali a tappe	there is tremendous interest during the big international stage races
tali il Giro d'Italia e il Giro di Francia	such as the Giro d'Italia and the Tour de France
forse lo sport più praticato è il nuoto	maybe the sport with most participants is swimming
d'inverno moltissima gente va in montagna per fare lo sci	in winter very many people go to the mountains to ski
il rugby non è molto diffuso	rugby is not very widespread
nemmeno il golf, ma sta prendendo quota	neither is golf, but it's on the increase
però costa caro far parte di un circolo di golf	however, it costs a lot to join a golf club
problemi legati allo sport professionistico	problems related to professional sport
il professionismo può danneggiare lo sport?	can professionalism damage sport?
è una questione di immagine	it's a matter of (it's all about) image
lo sport come svago, o come business?	sport as leisure pursuit, or as business?
l'atleta come modello da seguire (il cosiddetto 'role model')	the athlete as model to follow (the so-called 'role model')
la gente si allontana dagli stadi	the spectators are staying away from the grounds
scoraggiata dalla violenza di una minoranza dei tifosi	put off by the violence of a minority of the fans
mancano i parcheggi	there is a lack of parking space
il trasporto pubblico funziona a singhiozzo	public transport is irregular (a singhiozzo means in sobs i.e. by fits and starts)

tutti questi disagi fanno passare la voglia di andare allo stadio	all these difficulties put people off the idea of going to the stadium
c'è anche il sospetto del doping	there is also the suspicion of drugs
e delle partite e corse truccate	and of matches and races 'fixed'
poi c'è il caroprezzi	then there are the high prices
che invoglia la gente a stare a casa a guardare la televisione	which makes people want to stay at home and watch television
anche pagando l'abbonamento per il 'pay-per-view' costa meno che andare a vedere la partita allo stadio	even after paying the pay-per-view subscription it costs less than going to watch the match at the stadium
dove va a finire?	where will it end up?
ma lo sport è molto più che una fonte di guadagni	but sport is much more than a source of income
dovrebbe essere un elemento per favorire una vita sana	it ought to be an element in developing a healthy lifestyle
specie nella vita urbana, quando la gente fa poco attività fisica naturale	especially in city living when people take little natural exercise

---

www.gazzetta.it *'La Gazzetta dello Sport' – the largest circulation Italian sports daily newspaper.*
www.figc.it *The website for the Italian Football Association (Federcalcio).*
www.coni.it *The national Olympic committee (CONI). Lists all the different sports federations and their websites.*
www.fidal.it *Athletics federation website.*
www.federnuoto.it *Swimming association website.*
www.federugby.it *Rugby association website.*
www.federtennis.it *Tennis association website.*

8 Cultura

8.1 Musica e teatro — Music and theatre

la sala da concerti	concert hall
l'auditorio	auditorium
l'orchestra sinfonica	symphony orchestra
il direttore d'orchestra	conductor
il maestro del coro	chorus master
i solisti	soloists
i professori d'orchestra	orchestra (players)
la lirica (*also* opera lirica *and* opera)	opera
il teatro lirico	opera *(in the sense of the art form)*
il teatro dell'opera	opera house
la messinscena	production *(i.e. the staging)*
la regia	direction *(stage, film, TV etc)*
il regista	director
lo scenografo	set designer
lo scenario, l'allestimento scenico	sets
i costumi	costumes
il palcoscenico	stage
il sipario	curtain
calare il sipario	to bring down the curtain
la platea	stalls
il palco	box
la galleria (prima, seconda ecc.)	circle, balcony, gallery (1st, 2nd, etc.)
gli interpreti	interpreters *(i.e. singers, actors etc)*
il pubblico	audience
le luci della ribalta	footlights
essere alla ribalta	to be in the limelight
lo spettacolo	show; performance
recitare	to act
provare	to rehearse
la prova generale	general (dress) rehearsal
l'attore/l'attrice	actor/actress
il/la cantante	singer
fare un provino	do an audition

la lirica italiana è conosciuta in tutto il mondo	Italian opera is popular all over the world
soprattutto le arie più famose	especially the best known arias
che la gente ama cantare (si fa per dire) sotto la doccia	which people like to sing (in a manner of speaking) in the shower
ci sono molti festival di opera lirica d'estate	there are a lot of opera festivals in summer
ma ci sono anche i maxi-concerti rock	but there are also the big rock concerts
che si tengono all'aperto nelle piazze, nelle arene o nei parchi	which are held in the open in the public squares, in the arenas or in the parks
questi sono molto popolari, e non solo tra i giovani	these are very popular, and not only among the young
a Londra ci sono molti teatri con attori di fama internazionale	in London there are a lot of theatres with internationally famous actors
il teatro di prosa è molto seguito in Inghilterra	the straight theatre has a great following in England (Britain)
anche dai turisti che studiano l'inglese	also among tourists who are studying English
lo spettacolo ebbe un successo strepitoso	the show was a resounding success
applausi scroscianti	tumultuous applause
di un pubblico in piedi	from an audience on its feet
visibilmente entusiasmato dallo spettacolo	visibly enthused by the show
gli attori furono chiamati diverse volte alla ribalta	the actors had to take a number of curtain calls
i biglietti andarono a ruba	the tickets went like hot cakes
i bagarini facevano affari d'oro	the ticket touts did a roaring trade
la gente era disposta a pagare qualsiasi prezzo	people were willing to pay any price
pur di poter dire 'c'ero anch'io'	just to be able to say 'I was there too'

8.2 Le belle arti   Fine arts

la pinacoteca } la galleria d'arte	art gallery
la mostra	exhibition
la pittura	painting
la scultura	sculpture
le arti plastiche	the plastic arts
dipingere	to paint (artistic sense; also means depict)
raffigurare	to represent; depict
dipingere a olio	to paint in oils
ad affresco	in fresco
olio su tela	oil on canvas
l'affresco/gli affreschi	fresco(s)
disegnare	to draw
il disegno	drawing (also means the overall design)
l'abbozzo/lo schizzo	sketch(plan), rough sketch
verniciare (also pitturare)	to paint (domestic sense, e.g. a door)
verniciare	to varnish (both artistic and domestic)
mettere uno strato di vernice	to put on a coat of paint
il pittore	painter, artist
l'imbianchino	painter (domestic, i.e. house painter)
il quadro	picture
la cornice	frame; border (also used figuratively in the sense of setting)

io non sono bravo a pitturare	I'm no good at painting
al massimo posso verniciare una porta	at most I can paint a door
ma non ho la mano dell'artista	but I don't have an artistic hand
però mi piace vedere i quadri in una galleria d'arte	but I do like looking at pictures in an art gallery
preferisco gli impressionisti francesi	I prefer the French Impressionists
sono più facili da capire	they are easier to understand
in Italia molte opere d'arte si trovano nelle chiese	in Italy a lot of works of art are to be found in churches
Giotto dipinse la Cappella degli Scrovegni a Padova	Giotto painted the Scrovegni Chapel in Padua
la Cappella Sistina nel Vaticano a Roma è di Michelangelo	the Sistine chapel in the Vatican in Rome is by Michelangelo
non dimentichiamo i pittori più moderni come Modigliani	don't let's forget more modern painters such as Modigliani

la cornice vale più del quadro	the frame is worth more than the picture
Raffaello raffigura la Madonna in tantissimi suoi quadri	Raphael depicts the Madonna in very many of his pictures
nella splendida cornice di Venezia esiste un patrimonio mondiale di opere d'arte	in the splendid setting of Venice there exists a world heritage of works of art
nella mostra retrospettiva sono raggruppati (riuniti) tutti i quadri più noti dell'artista (la mostra raggruppa/riunisce ecc)	the retrospective exhibition brings together all the artist's best known paintings
ci sono opere d'arte dappertutto in Italia	there are works of art everywhere in Italy
sono sparse ovunque	they are scattered everywhere
non solo nelle pinacoteche	not only in the art galleries
ma nelle chiese, nelle piazze, persino nei più piccoli paesi	but in the churches, in the squares, even in the smallest villages
la storia dell'arte fa parte del programma di studi delle scuole	history of art is part of the school curriculum
disegno e colore sono le due caratteristiche fondamentali dell'arte italiana	design and colour are the two fundamental characteristics of Italian art

8.3 Letteratura e cinema Literature and films

8.3.1 Letteratura Literature

il romanzo	novel
la novella	novella, long short story
il racconto	short story
la poesia	poetry
la narrativa	fiction
lo scrittore/la scrittrice	writer
l'autore/l'autrice	author
l'editore	publisher
la casa editrice	publishing house
la collana	series
un romanzo uscito nella collana...	a novel published in the series...
il tascabile	paperback
formato tascabile	pocket sized
un dizionario tascabile	a pocket dictionary
premio letterario	literary prize
il romanzo poliziesco	detective novel
il romanzo di spionaggio	spy novel
il giallo	mystery story; detective story

il saggio	essay
il memoriale	memoir
l'autobiografia/la biografia	autobiography/biography
il libro di storia	history book
la storia	history (*also* story)
una storia d'amore/sentimentale	a love story
la fantascienza	science-fiction

8.3.2 Cinema   Films

il cinema italiano	Italian cinema
andare al cinema	to go to the cinema
la maschera	usherette
il film	film
un film hollywoodiano	a Hollywood film
il regista	the director
regia di...	directed by...
la stella	star
i divi del cinema	film stars
il cartone animato	(animated) cartoon
Topolino	Mickey Mouse
Paperino	Donald Duck
Braccio di Ferro	Popeye
il cortometraggio	short (film)
il lungometraggio	full length film
la colonna sonora	sound track
il neo-realismo	neo-realism
girare un film/una scena	to shoot a film/a scene
doppiare il dialogo	to dub the dialogue
il doppiaggio	dubbing
la sceneggiatura	screenplay
lo sceneggiatore	script writer
essere sul set	to be on the set
il ciac	clapperboard
ciac! si gira!	action! camera!
una ripresa	a take
la cinepresa	cine camera
il cameraman	cameraman
in versione originale	in the original language
con sottotitoli	with subtitles
una prassi che risulta molto utile	a practice which turns out to be
per coloro che studiano la lingua	very useful for those who are studying the language

mi piace leggere romanzi polizieschi	I like reading detective novels
e mi piacciono i film di fantascienza	and I like science-fiction films
vado volentieri (mi piace andare) al cinema	I like going to the pictures/movies
mi piacerebbe visitare il set quando girano un film	I would like to visit the set when they are shooting a film
deve essere bello lavorare nell'industria del cinema	it must be good to work in the film industry
non solo come attore/attrice	not just as an actor/actress
ma anche per esempio come truccatore/truccatrice	but also for example as a make-up artist
ma forse farò solo la maschera nel cinema locale	but maybe I'll only be an usherette in the local cinema
almeno potrò vedere i film gratis	at least I'll be able to watch the films for nothing
ai bambini piacciono molto i cartoni animati	children love cartoon films (cartoons)
per lo più, I personaggi hanno nomi italiani	most of the time the characters have Italian names
i preferiti sono sempre Topolino e Paperino	the perennial favourites are Mickey Mouse and Donald Duck

oggi la letteratura è alla portata di tutti	today literature is within everyone's reach
i libri in formato tascabile abbondano	there is an abundance of books in paperback
non solo romanzi polizieschi	not only crime novels
o storielle sentimentali	or love stories
ma anche tutte le diverse collane di opere classiche	but also all the different series of classic works
nonostante la televisione, si vendono più libri che mai	in spite of television more books are sold than ever
anche libri costosi, con illustrazioni di ottima qualità	expensive books as well, with top quality illustrations
c'è anche un boom nel settore dei libri per bambini	there is also a boom in the children's books sector
come pure in quello della fantascienza	as well as in the science-fiction sector

come mai?	how come?
lasciamo la spiegazione agli esperti di sociologia	let's leave the explanation to the sociology experts
si può dire che l'arte del ventesimo secolo è il cinema	it can be said that the art of the twentieth century is the cinema
da lì sono venute le grandi icone del nostro tempo	from there have come the great icons of our time
la forza dominante dell'industria cinematografica è sicuramente Hollywood	the dominant force in the film industry is certainly Hollywood
i cui film vengono proiettati in tutto il mondo	whose films are shown throughout the whole world
doppiati nella lingua del posto	dubbed into the local language
ma altre nazioni hanno segnato la loro presenza con un cinema diverso	but other countries have marked their own presence with a different kind of cinema
un cinema che aspira a riflettere la loro diversa realtà	a cinema which aspires to mirror their own different reality
se trovano una distribuzione internazionale	if they get an international distribution
soprattutto in paesi anglofoni/di lingua inglese	especially in English-speaking countries
vengono proiettati per lo più in cinema specializzati/sale specializzate/cinema d'essai	they are mostly shown in specialist cinemas/film houses/art houses

---

www.teatro.org *A general website on the theatre in Italy, with lots of links.*

www.piccoloteatro.org *The site for the Piccolo Teatro di Milano, one of the most famous straight theatres in Italy.*

www.ilsistina.com *The Teatro Sistina in Rome, home of musicals, jazz and popular music.*

www.teatroallascala.org *La Scala, Milan – the world-famous opera house.*

www.teatrolafenice.it *The historic Venice opera house.*

www.maggiofiorentino.com *The site for the Florence music festival.*

www.mclink.it/com/itnet/cinema/cinelink.htm *A site giving links to just about everything connected with Italian cinema, from historical clips to magazines and current reviews.*

9 Il mondo del lavoro

9.1 Formazione — Training

la formazione professionale	vocational training
corso di formazione	training course
il tirocinio, l'apprendistato	training period, apprenticeship
fare il tirocinio	to do one's apprenticeship
corso di aggiornamento	refresher course
corso intensivo/accelerato	crash course
aggiornare	to bring up to date
perfezionare	to improve
perfezionare il mio italiano	to improve my Italian
perfezionarsi in..., specializzarsi in ...	to specialise in...
corso di perfezionamento	specialist course; post-graduate course
addestrare	to train; drill
corso di addestramento	training course (usually for specific skills)
gli studi universitari	university courses/studies
la laurea	(university) degree
laurearsi in...	to graduate in...
un/a laureato/a	a graduate
laureato in ingegneria	engineering graduate
laureato in lettere	arts graduate
il diploma	diploma
diplomarsi	to take a diploma
diplomato/a	qualified (i.e. one who has a diploma) (Note: a diplomat is un diplomatico)
un'infermiera diplomata	a qualified (trained) nurse
fare un concorso	to take a competitive exam
iscriversi ad un corso	to enrol on a course

non so che cosa voglio fare una volta finita la scuola	I don't know what I want to do when I leave school
se gli esami vanno bene posso andare all'università	if the exams go well I can go to university
o forse seguirò un corso di formazione professionale	or maybe I'll take (follow) a vocational training course

posso rimanere nella mia città o andare a studiare altrove	I can stay in my own town or go and study elsewhere
dipende dai soldi	it depends on (the) money
o da dove vengo accettato/a	or on where I get accepted
oggi è quasi obbligatorio avere un diploma	today it is almost compulsory to have a diploma
ci sono corsi di formazione per qualsiasi mestiere e professione	there are training courses for every trade and profession
chi non vuole seguire un corso di laurea all'università	whoever doesn't want to do a degree course at university
può benissimo scegliere tra una gran varietà di scuole professionali	can easily choose from among a great variety of vocational institutions (schools)
anche i corsi universitari sono più diversificati al giorno d'oggi	university courses are also more diversified today
per adeguarsi alle esigenze moderne	to adjust to modern demands
gli studi non bastano	studies are not enough
quasi sempre bisogna fare un tirocinio	one nearly always has to do a probationary period

9.2 L'impiego — Employment

cercare lavoro	to look for work
cercare un impiego	to look for a job/post
presentare (fare) una domanda d'impiego	to submit a job application
un modulo	a form
compilare un modulo	to fill out a form
candidarsi per un posto	to put oneself up for a post *(as a candidate for a position)*
proporre la propria candidatura	to propose one's own candidature
proporsi	to propose oneself
farsi avanti	to put oneself forward
mandare/inviare il curriculum	to send one's CV
il colloquio (l'intervista) di selezione	the (job) interview
rispondere alle domande	to answer the questions
fare/porre delle domande	to ask questions
instaurare un buon rapporto	to establish a good relationship
il selezionatore	interviewer
domanda accettata	application accepted
essere assunto	to be taken on
domanda respinta	application refused/turned down

stipendio fisso	fixed salary
mensile	monthly
lavoro saltuario	irregular (occasional) work
fare i primi passi	to take the first steps
avere un posto	to hold a job/position
mantenere il posto	to hold down (keep) the post
richiedere	to ask for; apply for
richiedere un aumento di stipendio	ask for a salary increase/rise
rivolgersi a...	to apply to...
rivolgersi alla direzione	to apply to the management
sbarcare il lunario	to make ends meet

dopo gli studi devo cercare un impiego	after finishing my studies I'll have to look for a job
mi piacerebbe trovare un posto interessante	I would like to find an interesting post
con viaggi all'estero	with foreign travel/travel abroad
dove potrò utilizzare le lingue	where I can (will be able to) use my languages
magari nell'industria della moda	maybe in the fashion industry
o nel mondo dello spettacolo	or in the world of show business
magari!	if only!
ci sono molte possibilità	there are a lot of possibilities
dipende dalle ambizioni	it depends on one's ambitions
e anche un po' dalla fortuna	and a bit also on luck
con un po' di fortuna si può andare lontano	with a bit of luck one can go far

quando si è in cerca di lavoro	when one is looking for (in search of) work
uno può consultare i piccoli annunci nei giornali	one can look up the small ads in the newspapers
è importante avere un buon curriculum	it's important to have a good CV
che mette in risalto i tuoi punti forti	which highlights your strong points
come, per esempio, la laurea o il diploma, e le tue capacità specifiche e generali	such as, for example, your degree or diploma, and your particular and general abilities
far risalire (mettere in risalto) le qualità	to bring out (highlight) one's qualities
bisogna sempre compilare i moduli con cura	you should always fill out forms carefully
anche se appaiono noiosi ed inutili	even if they appear boring and useless

meglio un impiego fisso che un lavoro saltuario	better a fixed post than irregular work
ma il posto fisso non piace a tutti	but a steady job doesn't appeal to everyone
piace, però, la mensilità regolare	however the regular monthly salary (pay check) does appeal
specie quando c'è da sbarcare il lunario	especially when you have to make ends meet
arrivare puntuali al colloquio di selezione	arrive punctually for the selection interview
precisare eventuali esperienze	describe any previous experience
anche lavoretti saltuari da studente	even odd jobs as a student
con cortesia e franchezza cercate di instaurare un buon rapporto con il selezionatore	with politeness and openness try to establish a good relationship with the interviewer
ma come tutti sanno, è utile avere una raccomandazione	but as everyone knows, it's useful to have connections
a meno che uno non sia figlio di papà	unless one is a daddy's boy (rich man's child)
in quel caso non si cerca lavoro – anzi!	in that case you don't look for work – quite the opposite!

9.3 Commercio ed industria — Industry and commerce

9.3.1 L'azienda — The company

l'amministrazione	administration
l'azienda, la ditta, la società	company, firm
l'impresa	business; company; enterprise (also undertaking, e.g. un'impresa difficile – a difficult task)
il proprietario	owner
il presidente	chairman
l'amministratore delegato	managing director
il direttore generale	general manager; chief executive
il consiglio d'amministrazione	board of directors
l'azionista/gli azionisti	shareholder(s)
i dirigenti	the management/the managers/ executives
la finanza	finance
l'utile (also il guadagno/il profitto)	profit
fare un guadagno	to make a profit

la perdita	loss
utile netto/utile lordo	net profit/gross profit
il fatturato	turnover
i ricavi	the takings
lauti guadagni	rich pickings
mettere qualcosa a profitto	to put something to good (profitable) use
approfittare di...	to profit from/by..., take advantage of...
ricavare un utile	to make a profit
l'aumento delle vendite	increase in sales
il calo della domanda	fall in demand
far quadrare i conti	to balance the accounts (books)
i conti non tornano	the figures don't add up
il bilancio	balance sheet, the books, the accounts
un bilancio in attivo	credit balance
un bilancio in passivo	debit balance
un bilancio in pareggio	breaking even
gli oneri fiscali/gli aggravi tributari	tax liabilities
il fisco	tax authorities; tax inspector
le tasse, le imposte	taxes
l'imposta sul reddito	income tax
il tasso di sconto	interest rate
i contributi (sociali)	employer's contributions
il costo della manodopera	labour costs
le spese generali	overheads
fare un preventivo	to make an estimate; give a quotation; quote
preventivare i costi	to budget for the costs
mettere i costi in preventivo	to build the costs into the budget
pagamento a rate scaglionato }	payment by instalments
rateare, scaglionare	to stagger, split up (payments)
l'assegno	cheque
il libretto degli assegni	cheque book
un assegno postdatato	a post-dated cheque
dare (pagare) la bustarella a qualcuno	to slip a bribe to someone
pagamento con carta di credito	payment by credit card
un accredito	a credit
un addebito	a debit
il fallimento, la bancarotta	failure, bankruptcy
fallire, andare in fallimento	to fail, go bankrupt
una situazione fallimentare	a bankruptcy situation (used also in more general senses)
il crac della ditta	the collapse of the firm

il personale	staff/personnel
i dipendenti	employees
un impiegato/un'impiegata	office worker
un operaio/un'operaia	manual (factory) worker
l'operaio specializzato	skilled worker
la manodopera (*or* mano d'opera)	the work force
impiegare	to employ
offerte d'impiego	offers of employment
assumere personale	to take on (hire) staff
il contratto di lavoro/d'impiego	the contract of employment
lavoro a contratto	contract work
lavoro a orario ridotto (lavoro part-time)	part-time work
a tempo pieno	full-time
un posto precario	a temporary job/post
un posto di supplente	a supply job/post
certificato di malattia	sick note
congedo per maternità (paternità)	maternity (paternity) leave
'essere in maternità'	to be on maternity leave
lo stipendio	salary
stipendiato/a	salaried
fare carriera	to get on in your career (*i.e. to make progress*)
essere promosso/a	to be promoted
guadagnarsi una promozione	to earn a promotion, be promoted
assumersi delle responsabilità	to take up (assume) responsibilities
affidare delle responsabilità	to give responsibilities
assumersi ulteriori oneri	to take on further duties/tasks
un onere pesante	a heavy burden
l'impegno	task, commitment
un impegno oneroso	a heavy task
impegnarsi al massimo	to give of one's best, try one's hardest
la disoccupazione	unemployment
la crescente disoccupazione	rising unemployment
congedare	to lay off
il licenziamento	dismissal, the sack; lay-off; redundancy
licenziamento in tronco	summary dismissal
licenziare	to fire; dismiss; lay off; make redundant
licenziare in tronco	to fire on the spot/without notice
il sindacato	trade union
dare (rassegnare) le dimissioni, dimettersi	to resign
lo sciopero	strike

scendere in sciopero, scioperare	to (go on) strike
il posto di lavoro	job
perdere il posto	to lose one's job
fare gli straordinari	to work overtime
andare in pensione	to retire
prendere la pensione anticipata	to take early retirement

quando le aziende vanno bene il paese va bene	when companies do well the country does well
una buona gestione è essenziale per il successo di una ditta	good management is essential for a firm
la vita aziendale è molto competitiva	business life is very competitive
la finanza è una faccenda molto complicata	finance is a very complicated business/thing
bisogna fare molta attenzione a far quadrare i conti	one has to take great care to balance the books
in una grossa azienda ci sono molti posti di lavoro	in a large company there are a lot of jobs
dal più umile al più importante	from the humblest to the most important
i dirigenti sono pagati bene (ben pagati)	the management are well paid
se gli affari vanno bene tutti sono contenti	if business is going well everyone is happy
se no, allora arrivano i licenziamenti	if not, then the lay-offs arrive
molti impiegati ed operai perdono il posto	many staff and workers lose their jobs
e rimangono disoccupati	and become (finish up) unemployed
l'azienda conta una manodopera di oltre mille operai più gli impiegati	the company has a work force of over a thousand factory workers plus the office staff
la situazione finanziaria sembrava fiorente	the financial situation seemed healthy (flourishing)
finché la banca concedeva un grosso credito	as long as the bank granted a large credit
ma esaurito questo è venuta a trovarsi in difficoltà	but when this ran out it found itself in difficulties
la crisi economica ha influito in maniera negativa	the economic crises had a negative influence
e così le cose sono andate di male in peggio	and so things went from bad to worse
in un clima di crescente disoccupazione c'è da tenersi stretto il posto di lavoro	in a climate of increasing unemployment one has to keep a tight grip on one's job
per paura di perderlo	for fear of losing it

i sindacati esistono per tutelare i diritti dei lavoratori	the trade unions exist to look after the rights of the workers
a volte gli scioperi portano i suoi frutti	sometimes the strikes bear fruit
a volte fanno più danno che bene	sometimes they do more harm than good
quando la ditta sta andando bene c'è bisogno di fare gli straordinari	when the firm is doing well there is a need for overtime
quando le cose vanno male si rischiano i licenziamenti	when things are going badly there is a risk of lay-offs
impegni troppo onerosi sono causa di stress	too heavy responsibilities are a cause of stress
c'è chi dice che la vita aziendale di oggi è stressante di per sé	there are those who say that nowadays corporate life as such (per se) is stressful
perciò molti non vedono l'ora di andare in pensione	that's why lots of people can't wait to retire

9.3.2 Vendite e acquisti

Sales and purchases/ Buying and selling

la rete di vendita	sales network
il grossista	wholesaler
il rivenditore	retailer
vendita all'ingrosso	wholesale
al dettaglio	retail sale
all'asta	auction
lo sconto	discount
(l')IVA (imposta sul valore aggiunto)	VAT (value added tax)
l'acquisto/gli acquisti, le compere	purchase(s)
saldi	sales (i.e. bargain sales)
svendita	clearance sale
ribassi, prezzi ribassati	prices down (as in notices)
prezzi scontati	discounted prices
sconti fino al dieci per cento	discounts up to 10%
affari	bargains
un affarone	a great bargain
un prezzo conveniente	a good (favourable) price
offerta speciale	special offer
in offerta	on offer
un'occasione	a bargain
a buon mercato	cheap
caro/a, costoso/a	dear, expensive
conviene	it is in one's interest
il potere d'acquisto	buying power

il rapporto qualità-prezzo	value for money
vale il prezzo	it's worth the price
permettersi	to afford
regalarsi ⎫ pagarsi qualcosa ⎭	to buy oneself something (give oneself a present)
fare la spesa	to do the shopping (*i.e. domestic shopping*)
la lista della spesa	shopping list
fare lo shopping	to shop (*i.e. 'recreational' or larger shopping*)
fare compere	to shop, make purchases
usa e getta (*invariable – used as an adjective*)	throwaway; disposable *(note: disponibile means available, not disposable)*
una camera/macchina fotografica usa e getta	disposable camera
un accendino usa e getta	disposable lighter
i pannolini usa e getta	disposable nappies
venditore ambulante	street trader
la bancarella	(market) stall
i 'vucumprà'	*familiar term for the African street traders at the resorts, derives from 'vuoi comprare?'*

è interessante vedere le bancarelle al mercato	it's interesting to look at market stalls
a volte si può trovare una cosa bella a buon mercato	sometimes you can find something nice going cheap
nei supermercati ci sono delle offerte speciali	in the supermarkets there are special offers
con titoli come 'Grandi Occasioni!', o persino 'Occasionissime!'	with banner headlines such as 'Great Bargains!', or even 'Superbargains'!
o talvolta 'Grandi Ribassi', o 'Prezzi Ribassati'	or sometimes 'Great Savings' or 'Prices Slashed'
è un affare	it's a bargain
conviene acquistarlo a quel prezzo così favorevole/vantaggioso	it's worth buying it at such a favourable price
fare lo shopping può essere un piacere	going shopping can be a pleasure
mentre fare la spesa è più necessità che divertimento	whereas doing the daily shopping is more a necessity than a diversion
però è spesso un'occasione per incontrare amici	however it's often an opportunity to meet friends
prendere un caffè e fare quattro chiacchiere	to have a coffee and a chat

fare acquisti via internet è oggi molto diffuso	making purchases on the internet is very widespread today
è pratico, ma non c'è nessun contatto umano	it's practical but there is no human contact
è un bene o un male?	is it a good thing or a bad thing?
il commercio dipende da chi vende e da chi compra	commerce depends on who sells and who buys
se non si acquista non si vende	if nobody buys nobody sells
nel mercato libero comanda il consumatore	in the free market the consumer calls the tune (is boss)
il rivenditore deve rispondere alle esigenze dei clienti	the retailer has to respond to the demands of the customers
e soddisfare la domanda del mercato	and satisfy the market demand
tenendo conto del potere d'acquisto	bearing in mind the buying power
e di quello che si possono permettere i clienti	and what the customers can afford
è la legge della domanda e dell'offerta	it's the law of supply and demand
che sta alla base del mercato libero	which is at the basis of the free market
bisogna mettere in conto la concorrenza	one has to take the competition into account
quindi adeguarsi alle condizioni di mercato	therefore adapt to the market conditions
per rimanere competitivi	to stay competitive
la gente povera non può permettersi grandi spese	poor people cannot afford a lot of expense/to spend a lot of money
sono costretti a cercare roba a buon mercato	they are obliged to seek out cheap things/ cheap stuff
a ognuno piace frugare fra le bancarelle	everybody likes to rummage among the market stalls
o frequentare i saldi di fine stagione	or go to the end-of-season sales
chissà che lei non trovi un affare	who knows – you might find a bargain

9.3.3 Le comunicazioni Communications

il cellulare, il telefonino	cell phone, mobile phone
rinnovare la scheda	to top-up the card
ricaricare la batteria	to recharge the battery
batteria scarica	flat battery (discharged)

SMS (esse-emme-esse)	text message
mandare un SMS	to text; send a text message
la suoneria	ring tone
digitare il numero	dial the number *(i.e. press keys)*
mandare una e-mail/delle e-mail *(now often shortened to una mail, delle mail)*	to send an email/emails
il collegamento	connection
essere collegato con...	to be connected to/with...
essere in collegamento con...	to be in communication with...
mi lasci il numero	leave me your number
mi dia l'indirizzo	give me the address
il centralino	switchboard
la segreteria (telefonica) *(note: la segretaria is the secretary)*	answering service; answering machine; secretary's office; secretarial staff
lasciare un messaggio	to leave a message
il/i call-centre	call-centre(s)
risposta automatica	automatic response

oggi tutti, o quasi, hanno il cellulare	today everybody, or nearly everyone, has a cell phone
il cellulare è adesso più che un telefono	the cell phone is now more than a telephone
è persino una macchina fotografica	it's even a camera as well
molti giovani usano il telefonino per mandare gli SMS piuttosto che per parlare	many young people use the mobile phone for texting rather than for speaking
è più 'in'	it's 'cooler'
e poi, costa meno	and then, it's cheaper (costs less)
bisogna ricordarsi sempre di ricaricare la batteria	you must always remember to recharge the battery
se la batteria è scarica il cellulare non funziona più	if the battery has lost its charge (is flat) the mobile stops working (doesn't work any more)
che rabbia quando non puoi telefonare agli amici	how infuriating when you can't phone your friends
e per di più, quando loro non possono parlare con te	and what's more, when they can't talk to you

le risposte automatiche danno sui nervi	the automatic response systems get on one's nerves
fanno innervosire	they get you worked up
arrabbiare	they make people angry
non si parla mai con una persona reale	you never speak to a real person
'se vuole segnalare un guasto, digiti *uno*'	'if you wish to report a fault, press *one*'
e via di seguito	and so on
finisci per spaccare il telefono contro il muro	you finish up smashing the phone against the wall
dopodiché, devi segnalare un guasto!	after which, you have to report a fault!
così si ricomincia tutto da capo	so you start all over again
il comportamento sull'uso del cellulare è tutto da rivedere	mobile phone behaviour needs to be totally revised
parlare a voce alta in pubblico è increscioso	speaking loudly in public is annoying
perché si tende ad alzare la voce mentre si parla al telefonino?	why is there a tendency to raise the voice when speaking on the mobile?
è molto sgarbato usare il cellulare a tavola nei ristoranti	it is very rude to use the mobile at a restaurant table
dà fastidio agli altri	it disturbs (annoys) other people
difatti (infatti) molti ristoratori ne hanno già bandito l'uso dentro la sala	in point of fact, many restaurateurs have forbidden their use in the dining area
proprio come il divieto di fumo	just like the smoking ban
si parla di cose private ad alta voce a tavola in casa?	do you have private conversations in a loud voice at the table at home?
nemmeno (neanche) per sogno!	no way!

9.4 L'informatica — Information technology

il computer *(pronounced as in English)*	computer
computerizzato	computerised
l'internet	internet
un sito internet	an internet site
www. *(pronounced* vùvùvù punto...*)*	www dot...
@ *(pronounced* chiocciola, *i.e.* snail*)*	@ (at)
cliccare	to click
clicca qui	click here *(internet tends to use the tu form)*
visualizza	view

la tastiera	keyboard
il tasto	key *(i.e. of keyboard)*
il 'mouse'	mouse
trascina	drag
il cursore	cursor
lo schermo	screen
anteprima di stampa	print preview
stampa	print
la stampante	printer
stampante a getto d'inchiostro	ink jet printer
laser	laser printer
modifica	edit
inserisci	insert
indietro	back
apri/chiudi	open/close
salva/cancella	save/delete
taglia/incolla	cut/paste
strumenti	tools
imposta pagina	page layout
controllo ortografia e grammatica	spelling and grammar check
conteggio parole	word count
navigare	to surf
cerca/ricerca	search
scaricare	to download
scaricabile	downloadable
un aggeggio/gadget	a gadget
miniaturizzare	to miniaturise
ADSL	broadband
crollare	to crash

il computer è uno strumento molto utile	the computer is a very useful tool (instrument)
chiunque può adoperarlo a livello elementare	anyone can use it at the elementary level
e diventare più esperto con più esperienza	and become more expert with more experience
si possono fare molti giochi al computer	you can play a lot of games on the computer
puoi mandare delle e-mail	you can send emails
puoi fare delle compere sull'internet	you can make purchases using the internet
è alla portata di tutti	it's within everyone's reach
ci sono molti siti chat	there are a lot of chat sites
ma bisogna andare cauti	but you have to be careful
non si sa mai con chi si sta parlando	you never know whom you are talking with
però tra amici va tutto bene	however among friends it's alright

il computer si è bloccato	the computer has crashed
è andato in tilt	it has gone haywire *(derives from the pinball machines which flashed 'tilt' and crashed when the table was shaken too much)*
l'informatica ha rivoluzionato il mondo	information technology has revolutionised the world
rendendolo più piccolo	making it smaller
rende più facile lo scambio di informazioni	it makes it easier to share information
aumenta l'immediatezza delle notizie	it increases the speed (immediacy) of news
ci permette di scavare negli archivi di tutto il mondo	it enables us to dig into the archives of the whole world
doveva segnare la fine del dominio della carta	it was to have marked the end of the dominance of paper
invece?	but has it?
nasconde, però, qualche insidia	there lurk within it, however, some dangers
può essere uno strumento di corruzione in certe mani	it can be an instrument of corruption in certain hands
si presta facilmente a frodi finanziarie	it lends itself easily to financial fraud
come attestano attualmente le banche	as the banks are currently witnessing
persino la privacy può essere a rischio	even one's privacy can be at risk
in ogni caso ci sarebbero più pro che contro	in any case there are probably more pros than cons
più vantaggi che svantaggi	more pluses than minuses/ advantages than disadvantages
oggi tutto è computerizzato	today everything is computerised
la gente non sa più fare i calcoli a memoria	people can't do mental arithmetic any more
forse riponiamo troppa fiducia nei computer	maybe we put too much faith in computers
ci fidiamo troppo di loro	we trust them too much
come se non potessero mai sbagliare	as though they could never be wrong
i gadget vengono miniaturizzati sempre di più	gadgets are ever more miniaturised
diventano ogni giorno più piccoli	they get smaller every day
ci sono computer che stanno nel palmo della mano	there are computers that fit into the palm of the hand

sull'internet si può fare di tutto	on the internet you can do anything
incluso giocare d'azzardo 'online'	including gambling online
è esploso pure lo shopping online	even shopping online has boomed
la compravendita all'asta tramite e-bay è diventata una passione per molti	buying and selling by auction using e-bay has become a passion for many people
tutto è scaricabile, persino foto e video	everything is downloadable, even photos and videos
che posto c'è per il fattore umano?	what room (place) is there for the human factor?

http://formazioneonline.italia.gov.it *Comprehensive government website giving access to a very wide range of other sites relating to all types of training and educational courses.*
www.ilsole24ore.com *The website of Il Sole 24 Ore – the business and financial daily, which also covers a wide range of general topics.*

10 L'ambiente

tutelare l'ambiente	to look after the environment
salvaguardare	to safeguard
l'ecosistema *(m)*/il sistema ecologico	the ecosystem
inquinare	to pollute
l'inquinamento	pollution
inquinamento atmosferico } dell'aria	pollution of the atmosphere/air pollution
acqua inquinata/contaminata	polluted/contaminated water
nuocere alla salute	to be harmful to health
nocivo/a	harmful
emissioni nocive	harmful emissions
tossico/a	toxic
sostanze tossiche	toxic substances
avvelenare	to poison
il veleno	poison
sostanza velenosa	poisonous substance
emissioni di anidride carbonica	carbon dioxide emissions
mitigare (alleviare/ridurre) gli effetti	to mitigate the effects
l'effetto serra	greenhouse effect (la serra – greenhouse); global warming
emissioni dei gas serra	emissions of greenhouse gases
cambiamento climatico	climate change
lo strato dell'ozono	the ozone layer
il buco nell'ozono	the ozone hole
aria respirabile	breathable air
aria pulita	clean air
degradare	to degrade; spoil
il degrado delle spiagge	deterioration of the beaches
il degrado dell'ambiente	deterioration of the environment
lo scarico/gli scarichi	waste dumping; discharge(s)
scarichi industriali	industrial waste
i rifiuti	waste; garbage, rubbish
scarico abusivo	illegal dumping
divieto di scarico	no dumping
energia rinnovabile	renewable energy
impianti eolici	wind farms
riciclare	to recycle
il riciclaggio	recycling
riciclaggio di vetro	recycling of glass
carta	paper
imballaggi	packaging

il combustibile	fuel
combustibile fossile	fossil fuel
gli ambientalisti	environmentalists
i 'verdi'	the 'greens' *(i.e. environmentalist party or campaigners)*
misure di prevenzione dell'inquinamento	anti-pollution measures

siamo tutti responsabili per l'ambiente	we are all responsible for the environment
ognuno può fare qualcosa	everyone can do something
per ridurre l'inquinamento	to reduce pollution
possiamo riciclare di più	we can recycle more
abbiamo grossi cassoni per il riciclaggio presso ogni supermercato	we have large recycling bins at every supermarket
dove possiamo depositare il vetro ed altri rifiuti	where we can put glass and other refuse
invece di buttarli sempre nella pattumiera	instead of always throwing them into the rubbish bin (trash can)
possiamo andare a piedi invece che in automobile	we can go on foot instead of in the car
spegnere la luce quando non serve	switch off the light when it's not in use
non lasciare il televisore sempre con la spia accesa	don't leave the TV set always on standby (with the pilot light on)
mantenere il riscaldamento ad una temperatura moderata	maintain the heating at a moderate temperature
così si risparmia energia	in this way we save energy
mantenere pulite le vie delle città	keep the town streets clean
cancellare i graffiti	get rid of graffiti
facendo così possiamo vivere in un ambiente sano e civile	by doing this we can live in a healthy and civilised environment
il progresso ha un prezzo	progress has a price
non vogliamo pagare un prezzo troppo alto	we don't want to pay too high a price
per il nostro confort	for our comfort
salvaguardare l'ambiente è un impegno per tutti	safeguarding the environment is a task for everyone
ci sono, però, diverse opinioni in materia	there are, however, different opinions on the subject
da una parte c'è chi propone una visione apocalittica	on the one hand there are those who put forward an apocalyptic vision
e dall'altra, chi sostiene che è tutto esagerato	and on the other, those who maintain that it is all exaggerated

esiste l'effetto serra?	does the greenhouse effect exist?
qual è l'effetto delle emissioni di anidride carbonica?	what is the effect of carbon dioxide emissions?
quali ne sono le cause?	what are the causes of them?
il clima sembra impazzito	the climate seems to have gone mad
mai visti tanti disastri naturali	we have never seen so many natural disasters
i ghiacciai si sciolgono	the glaciers are melting
le temperature sembrano in costante aumento	temperatures seem to be constantly on the rise
è un ciclo naturale?	is it a natural cycle?
oppure un monito?	or else a warning?
che cosa può fare il cittadino medio?	what can the average citizen do?
quali responsabilità hanno i governi?	what are the governments' responsibilities?
sostituire i combustibili fossili con fonti di energia rinnovabili	to replace fossil fuels with renewable energy sources
consumare meno e riciclare di più	to consume less and recycle more
come affrontare il problema dei rifiuti	how to deal with the problem of waste
sia industriali che domestici	whether industrial or domestic
soprattutto quelli tossici	especially toxic waste
'non disperdere il vetro nell'ambiente'	don't leave glass lying about in the environment *(notice on all bottles in Italy)*
abbiamo un ambiente da lasciare in eredità	we have an environment to leave as an inheritance
si parla anche di inquinamento acustico	there is also talk of noise pollution
troppo rumore, e troppi rumori	too much noise, and too many noises
il mondo meccanico e il mondo elettronico	the mechanical world and the electronic world
tuteliamo il mondo naturale	let's look after the natural world
prima che sia troppo tardi	before it is too late
è un ultimo appello	it's a last call
siamo all'ultima spiaggia	we are at the last ditch *(lit.* on the last beach*)*
almeno secondo i più pessimisti	at least according to the most pessimistic people
stop alle auto e alle moto in città come misura di prevenzione all'inquinamento	cars and motorbikes banned in the city as an anti-pollution measure

molti sono usciti per le strade con mezzi non inquinanti	many people went out using non-polluting means of transport
soprattutto in bicicletta, ma anche con pattini a rotelle e monopattini	mostly on bicycles, but also on roller skates and scooters
un'iniziativa forse destinata a ripetersi in altre città	an initiative destined perhaps to be repeated in other cities
bandire le automobili dal centrocittà reca danni economici ai negozianti	banning cars from the city centre damages the business of the shopkeepers
e non è nemmeno bene accettato dalla maggior parte dei cittadini	and is not welcomed by most of the citizens (townsfolk)
l'energia generata dal vento sembra una buona soluzione	wind-produced energy seems a good solution
ma gli impianti eolici suscitano molte proteste per ragioni estetiche	but wind farms stir up a lot of protests for aesthetic reasons
come Zerlina nel Don Giovanni di Mozart – 'vorrei, e non vorrei'	like Zerlina in Mozart's Don Giovanni – 'I want to, and yet I don't'

www.legambiente.com *Deals with all sorts of environmental issues and campaigns with a great many links.*

11 La politica

la politica	politics
la politica *(e.g.* la politica del governo)	policy *(e.g.* the government's policy)
il politico/i politici	the politician(s)
il partito *(note:* la partita *means* match/game*)*	party *(political)*
il consiglio dei ministri	the cabinet
il presidente del consiglio/il primo ministro	the prime minister
il capo del governo	the head of government
il presidente della repubblica	the president of the republic
il capo dello Stato	the head of state
il ministro *(m/f)*	the minister
il ministero	the ministry
il ministro delle finanze	the finance minister (chancellor of the exchequer)
il ministro dell'istruzione	education minister
il ministro degli affari esteri	foreign minister
il ministro dell'interno	home secretary
il parlamento	**parliament**
la camera dei deputati	the house of commons
i deputati	members of parliament
il senato	the senate
i senatori	senators
una proposta di legge	a bill (proposed legislation)
approvare una legge	to pass a bill/law
appoggiare una proposta	to support/second a proposal
respingere una proposta	to reject a proposal/bill
schierarsi con/contro	to side (line up) with/against
entrare in vigore	to come into force/take effect
la legislatura	parliamentary term
durante questa legislatura	during this parliament
il governo	the government
la maggioranza	the majority *(i.e. the government)*
l'opposizione	the opposition
il sistema proporzionale	the proportional system
il voto/votare	**the vote/to vote**
la votazione	(the act of) voting
le elezioni politiche *(pl in Italian, even when sing in English)*	general election
le elezioni amministrative	local elections

sciogliere il parlamento	to dissolve parliament
indire le elezioni	to call an election(s)
indire elezioni anticipate	call an early election
andare alle urne	to go to the country; call an election
l'affluenza alle urne	voter turnout
il seggio elettorale	polling station
la scheda di votazione	voting slip
i candidati	the candidates
la destra/il centrodestra	the right/centre-right
la sinistra/il centrosinistra	the left/centre-left
un partito di destra/di sinistra ecc.	a party of the right/left etc
la circoscrizione (elettorale)	constituency
eleggere	to elect
gli elettori, l'elettorato	the voters, the electorate
il sondaggio	opinion poll

il presidente del consiglio è il capo del governo	the prime minister is the head of government
il partito di maggioranza forma il governo	the majority party forms the government
talvolta in coalizione con altri partiti	sometimes in coalition with other parties
si può votare all'età di diciotto anni	you can vote at eighteen years of age
il voto è un diritto civile	voting is a civil right
ma non un obbligo	but not an obligation
se non un obbligo morale	unless (it's a) a moral obligation
è piuttosto un dovere del cittadino	it is rather a citizen's duty
il governo propone una legge	the government proposes a law
il parlamento l'approva	parliament passes it
poi la legge entra in vigore	then the law comes into force
alle elezioni si può cambiare il governo	at the elections the government can be changed
se un partito ha la maggioranza assoluta, può formare l'amministrazione (il governo)	if one party has the overall majority it can form the administration (government)
se no, deve allearsi con altri partiti	otherwise it has to ally itself with other parties
per formare un governo di coalizione	to make up (form) a coalition
l'Italia ha una costituzione repubblicana	Italy has a republican constitution
stabilita dopo la seconda guerra mondiale	established after the second world war
basata sul sistema elettorale proporzionale	based on the system of proportional representation

adottato per fare sì che anche i partiti minori fossero rappresentati al parlamento	adopted so that the minor parties would also be represented in parliament
forse stimolato dal ricordo del 'ventennio'	perhaps stimulated by memories of the 'twenty years'
ossia, le due decadi del fascismo	that is, the two decades of Fascism
governo troppo forte, opposizione inesistente	too strong a government, non-existent opposition
oggi le amministrazioni regionali sono forti	today the regional administrations (councils) are strong
come lo sono i consigli comunali	as are the city/town councils
l'affluenza alle urne è ancora abbastanza forte	voter turnout is still quite strong
soprattutto per le elezioni politiche	especially for general elections
ma, come nel resto dell'Europa, è in netto calo	but, as in the rest of Europe, is in sharp decline
i giovani amano manifestare in piazza	the young like to demonstrate on the streets
ma sono restii ad andare a votare	but are reluctant to go and vote
c'è una sfiducia crescente verso la politica in generale e verso i politici in particolare	there is a growing mistrust of politics in general and of politicians in particular
è questo un segno di una democrazia sana?	is this a sign of a healthy democracy?
oppure un monito per la classe politica?	or a warning to the political classes?
il governo ha fatto un passo falso	the government made a wrong move
non era al passo con l'opinione pubblica	it was out of step with public opinion
dopo un vivo dibattito alla camera	after a lively debate in the House
è stato sconfitto in un voto di fiducia	it was defeated in a vote of confidence
il presidente del consiglio ha presentato (rassegnato) le dimissioni al presidente della repubblica	the prime minister offered his resignation to the president of the republic
nuove elezioni politiche sono state indette	a new general election was called
si va verso una nuova campagna elettorale	we are heading for a new electoral campaign
che promette di essere molto accesa	which promises to be very heated
l'opposizione invoca la par condicio	the opposition is demanding a level playing field
ossia la parità di accesso ai mezzi di informazione	that is to say, equality of access to the media

 Any of the newspaper websites listed in Chapter 3 will provide the whole gamut of political vocabulary.

12 Volontariato

organizzazione/ente di beneficenza
un ente benefico/un'associazione
  benefica
	} charity; charitable organisation/
	  society

un'opera pia
       di carità/caritatevole
       di beneficenza
	} charitable institution

una pesca di beneficenza	charity draw; raffle
l'elemosina	charity; alms
dare (fare) l'elemosina	to give to charity; to give alms
la cassetta per l'elemosina	charity box
la colletta	collection (e.g. in church)
fare la questua	to take up the collection (in church)
fare una colletta	to make a collection; raise money; have a whip-round
raccogliere i soldi/fondi	to gather/raise the money/funds
lanciare una campagna	to launch a campaign
un appello	an appeal
una raccolta di fondi	a fund-raising campaign
fare appello a..., sollecitare	to appeal to..., ask for
sollecitare aiuti	to appeal for help
formare un gruppo di pressione	to form a pressure group
fare (esercitare) pressione su...	to bring pressure to bear on...
premere su	to press
nell'interesse comune	in the common interest
gruppi con interessi comuni	groups with interests in common
organizzazione senza fini di lucro	non-profit making organisation
mettere in risalto la situazione	to highlight the situation

portare alla coscienza pubblica,
    sensibilizzare il pubblico a
	to bring to public attention/notice,
	    make the public aware of

la lotta	campaign/fight/struggle
lottare per	to campaign (fight) for
a favore di	in favour of
contro	against

la carità comincia a casa propria	charity begins at home
meno male che il volontariato non la pensa così	it's a good job the voluntary organisations don't think like that
altrimenti che farebbero i poveri?	otherwise what would the poor do?
molti studenti lavorano per il volontariato durante le vacanze	many students work for voluntary organisations during the holidays
prestano servizio in molte zone del mondo	they lend their services in many areas of the world
quando succede un disastro naturale c'è un grande bisogno di assistenza	when a natural disaster strikes there is a great need for aid
ma anche nelle nostre città esiste la miseria	but poverty exists also in our own cities
perciò forse è vero che la carità può cominciare a casa nostra	so maybe it's true that charity can begin at home
in ogni chiesa c'è una cassetta per l'elemosina	in every church there is a charity box
molti volontari fanno la colletta	many volunteers take up a collection
sia in chiesa che/sia per le vie delle città	whether in church or in the city streets
per soccorrere i poveri	to help the poor
per raccogliere i fondi si fa appello allo spirito di carità della gente	to gather funds one appeals to people's spirit of charity
certo, la buona volontà non manca	of course, there is no lack of good will
però uno può stufarsi di troppe sollecitazioni	but people can feel tired of too many appeals
perciò molta gente sceglie gli enti benefici a cui donare	therefore many people choose the charities they donate to (to which to donate)
in base a quello che gli sta più a cuore	on the basis of what they feel closest to
altre organizzazioni raccolgono fondi per altri tipi di campagne	other organisations collect money for other types of campaigns
gruppi a livello internazionale	international groups
mirati a lottare per progetti specifici	targeted to campaign for specific projects
salvare animali a rischio di estinzione	to save animals at risk of extinction
stroncare il commercio illegale di animali e piante protetti	halt the illegal traffic in protected animals and plants
promuovere iniziative su scala mondiale	to promote initiatives on a world wide scale
boicottare il trasporto di merci dannose sulle strade pubbliche	to boycott movement of dangerous goods on the public roads

gruppi locali per bloccare iniziative edilizie	local groups to block building projects
fare pressione sugli enti responsabili perché ciò avvenga	to pressurise the responsible bodies to make it happen
premere sul governo perché faccia qualcosa	to press the government to do something
unirsi/allearsi con altri gruppi	to join together with other groups
siglare/firmare accordi con altri gruppi	to come to agreements with other groups
a sostegno della (per sostenere la) loro posizione	in support of (to support) their position

www.volint.it *A site devoted to international voluntary organisations with a wide range of links dealing with organisations and initiatives throughout the world.*

13 Il contesto internazionale

13.1 Tradizioni e costumi

Traditions and customs

l'usanza, il costume, l'uso, la consuetudine	custom, habit, usage
l'usanza del paese	the custom of the country
le vecchie usanze	the old customs/traditions
tramandare le tradizioni di padre in figlio	to hand down the traditions from father to son
di generazione in generazione	from generation to generation
il folclore	folklore
folcloristico	folkloristic
una fiaba, una favola	fable, fairy-tale
le fate	fairies
miti e leggende	myths and legends
la filastrocca	nursery rhyme; jingle
fare il girotondo	play ring-a-ring-o'-roses
la giostra	merry-go-round
fare la giravolta	to spin round
Cappuccetto Rosso	Little Red Riding Hood
il lupo mannaro	the big bad wolf
Cenerentola	Cinderella
la fatina azzurra	the little blue fairy
la Bella Addormentata (nel Bosco)	Sleeping Beauty
il patrimonio culturale	cultural heritage
risalire all'antichità	to go back to antiquity

le tradizioni locali sono belle	local traditions are great
molte volte il comune organizza una manifestazione	very often the local council organises an event
per celebrare la festa del paese	to celebrate the local feast day
ogni famiglia ha certe tradizioni	every family has certain traditions
i giochi dei bambini sono tradizionali	children's games are traditional
con qualche variante locale	with some local variations
potete descrivere alcune vostre tradizioni?	can you describe some of your traditions?
ogni popolo ha un suo patrimonio culturale	every people has its own cultural heritage
tramandato di generazione in generazione	passed on from generation to generation

le usanze ris<u>a</u>lgono all'antichità	the customs go back to antiquity
ma oggi fanno parte del turismo	but today they are part of the tourist trade
alcune tradizioni locali sono diventate internazionali	some local traditions have become international
come, ad esempio (per esempio), l'<u>a</u>lbero di Natale	like, for example, the Christmas tree
conoscete altri esempi? ce ne sono tanti	do you know other examples? there are lots of them
in Italia c'è la tradizione di mangiare il panettone a Natale	in Italy it's traditional to eat panettone at Christmas
ma ormai lo si vende tutto l'anno	but now it's sold all year round
nel mondo moderno si rischia di perderle, queste vecchie tradizioni	in the modern world these old traditions are in danger of being lost
c<u>i</u>rcoli folclor<u>i</u>stici si sf<u>o</u>rzano per mantenerle vive	folk clubs try hard to keep them alive
con manifestazioni di canti e danze tradizionali	with performances of traditional songs and dances
soprattutto, ma non solo, nelle località turistiche	especially, but not only, in tourist spots
per fortuna c'è un risveglio di interesse	happily there is a revival of interest
è forse un tentativo di uscire dal monoculturalismo del villaggio globale?	is it perhaps an attempt to break out of the monoculturalism of the global village?
gli immigrati t<u>e</u>ndono a tenersi strette le loro usanze	immigrants tend to hold close to their customs
spesso anche nel loro modo di vestire	often also in their clothing/way of dressing
adottare i costumi del paese ospitante	to adopt the customs of the host country
adattarsi alle usanze locali	to adapt to the local ways
senza rinnegare o abbandonare le tradizioni del paese d'or<u>i</u>gine	without denying or abandoning the traditions of the country of origin (the old country)
i giochi dei bambini ris<u>a</u>lgono spesso all'antichità	children's games often go back to antiquity
e si ritr<u>o</u>vano quasi id<u>e</u>ntici in ogni parte del mondo	and can be found almost identical in every part of the world
in questo senso si può dire che 'il mondo è paese'	in that sense we can say that 'the world is a village' (i.e. people are the same everywhere)
'paese che vai, usanza che trovi'	'other places, other customs' (i.e. when in Rome, do as the Romans do)

13.2 La religione   Religion

il cristianesimo	Christianity
il cattolicesimo	Catholicism
la Chiesa (Cattolica)	the (Catholic) Church
la fede	faith
il credo/la credenza	belief
il sacerdote/il prete	priest
il parroco	parish priest
la parrocchia/i parrocchiani	parish/parishioners
il vescovo/l'arcivescovo	bishop/archbishop
il cardinale	cardinal
la chiesa	church
la cappella	chapel
la (santa) messa	(holy) Mass
la messa da requiem	requiem Mass, Mass for the dead
andare a messa	to go to Mass
la Santa Sede	the Holy See
il Papa (il Santo Padre)	the Pope (the Holy Father)
il duomo/la cattedrale	cathedral
la basilica (*note:* basilico *means* basil)	basilica
pregare	to pray
le preghiere	prayers
fare un voto	to make a vow
il crocefisso	crucifix
la croce	the Cross
la via crucis	the Stations of the Cross
la Quaresima	Lent
Carnevale	Carnival; 'Mardi Gras'
la Pasqua	Easter
Natale	Christmas
Capo d'Anno	New Year
fare penitenza	to do a penance
pentirsi	to repent
perdonare (il perdono)	to forgive (forgiveness)
confessarsi (la confessione)	to confess (confession)
la (santa) comunione	(holy) communion
andare in processione	to go in procession
fare un pellegrinaggio	to make a pilgrimage
una suora (monaca/monache)	a sister (nun/s)
un frate (monaco/monaci)	a brother (monk/s)
un(a) religioso(a)	a monk (nun) (*i.e member of a religious order*)

il protestantesimo	**Protestantism**
le chiese luterane	the Lutheran churches
il pastore	pastor; minister
libertà di culto	freedom of worship
di coscienza	of conscience
un luogo di culto	a place of worship
la predica	sermon
predicare	to preach
il Vangelo	the Gospel
un laico	a lay person
uno stato laico	a secular state
l'Islam	**Islam**
musulmano	Muslim
islamico	Islamic
il Corano	the Koran
la moschea	mosque
la chiamata alla preghiera	the call to prayer
il digiuno	fast; fasting
digiunare	to fast
il giudaismo	**Judaism**
ebreo	Jewish
l'ebraico	Hebrew (language)
l'induismo	**Hinduism**
indù	**Hindu**
il buddismo	**Buddhism**
buddista	**buddhist**

il giorno di riposo è diverso per le diverse religioni	the day of rest is different for the different religions
per i cristiani è la domenica, il venerdì per i musulmani, mentre per gli ebrei è il sabato	for Christians it is Sunday, Friday for Moslems, while for the Jewish it is Saturday
le feste di Natale sono ormai più laiche che religiose	the Christmas holidays are now more secular than religious
molte persone amano celebrare il matrimonio in chiesa	many people like to hold their weddings in church
anche se non ci vanno quasi mai	even if they hardly ever go there
è questione di tradizione	it's a matter of tradition

la libertà di culto è un principio fondamentale	freedom of worship is a fundamental principle
talvolta la religione serve da pretesto per ostilità fra gruppi diversi	sometimes religion serves as a pretext for hostility between different groups
punti di disaccordo tra credenti e non-credenti	points of disagreement between believers and non-believers
risoluzioni pacifiche	peaceful solutions
il fondamentalismo esasperato	extreme fundamentalism
una presa di posizione rigida	a rigid standpoint
posizioni inamovibili	fixed (unmoveable) positions
lo spirito di compromesso	the spirit of compromise
il movimento ecumenico	the ecumenical movement
espressione di stima reciproca	expression of mutual respect
far convivere diverse tradizioni	to accommodate different traditions
la convivenza/coesistenza	coexistence
tolleranza ed intolleranza	tolerance and intolerance
quando la politica si serve della religione	when politics makes use of religion

13.3 L'Unione Europea (l'UE) The European Union (The EU)

aderire a	to adhere to; assent to
l'aderenza/adesione	adherence
il trattato di Roma	the Treaty of Rome
firmatario	signatory
i paesi firmatari	the signatory countries
la trattativa	negotiation
il mercato comune	the Common Market
il mercato unico	the single Market
la moneta unica (l'euro)	the single currency (the Euro)
politica comunitaria	Community (EU) policy
il regolamento	regulation
le regole	the rules
allargare	to enlarge; broaden
l'allargamento	enlargement
dare il consenso/l'assenso	to give consent/assent
libera circolazione	freedom of movement
l'Accordo di Schengen	the Schengen Agreement
il Parlamento europeo	the European Parliament
parlamentario europeo membro del/deputato al Parlamento europeo $\Big\}$	member of the European Parliament (MEP)

Il Consiglio dell'UE (ex Consiglio dei Ministri)	the Council of the EU (formerly Council of Ministers)
la Commissione europea	the European Commission

l'Unione Europea è cominciata con il Trattato di Roma	the European Union began with the Treaty of Rome
all'origine contava sei paesi membri	at the beginning it had six member states
adesso ne ha venticinque	now it has twenty-five
unita nella diversità – questo è il motto dell'UE	united in diversity – this is the motto of the EU
offre meno frontiere e più opportunità	it offers fewer frontiers and more opportunities
si può lavorare ovunque	one can work anywhere
possibilità di studio quasi dappertutto	study possibilities nearly everywhere
scambi professionistici	professional exchanges
la libera circolazione dentro l'unione porta vantaggi	free movement within the union brings advantages
però ci sono correnti di cinismo verso l'UE	however, there are currents of cynicism towards the EU
e campagne per ritirarsi dall'UE	and campaigns to withdraw from the EU
o per lo meno per ridurla ad una semplice associazione commerciale	or at least to reduce it to a simple commercial association
ci sono argomenti di ordine finanziario	there are arguments of a financial nature
accanto a quelli strettamente nazionalistici	side by side with some which are narrowly nationalistic
l'allargamento ad altri paesi suscita preoccupazioni	enlargement to include other countries raises worries
la frontiera unica complica il problema dell'immigrazione clandestina	the single frontier complicates the problem of illegal immigration
l'indice di disoccupazione, specie quella giovanile, non è confortante	the unemployment figures, especially among the young, are not comforting

la **Commissione prepara le proposte da presentare per l'adozione**	the Commission prepares proposals to be put forward for adoption
al **Consiglio ed al Parlamento**	to the Council and to Parliament
le **proposte devono essere approvate da entrambi**	the proposals have to be approved by both
prima **di poter entrare in vigore**	before they can come into force
il **presidente e i membri della Commissione sono nominati per un periodo di cinque anni**	the president and the members of the Commission are nominated for a period of five years
che **coincide con la legislatura del Parlamento**	coinciding with the period for which the Parliament is elected

 www.europa.eu.int *The official EU site linking in to all languages, with still further wide-ranging links.*

13.4 Problemi mondiali   World problems

la fame	hunger
la povertà/ la miseria	poverty
la siccità	drought
la carestia	famine
morire di fame	to die of hunger
la sovrabbondanza	superabundance; glut
disuguaglianze sociali	social inequalities
ineguaglianza economica	economic inequality
inequità nel commercio	unfair trading
il commercio equo ('equomercato')	fair trade
il terzo mondo	the third world
paesi in via di sviluppo	developing countries
disparità con i paesi avanzati	disparity with the advanced countries
la disparità dei redditi	disparity of incomes
lo sfruttamento (sfruttare)	exploitation (to exploit)
l'immigrazione di massa	mass immigration
il traffico di persone/umano	people (human) trafficking
il debito internazionale ed i paesi poveri	international debt and poor countries
la globalizzazione	globalisation
gli investimenti	investments
gli aiuti finanziari	financial assistance
aiuto di ordine pratico	practical help (of a practical nature)
aiuti in natura	assistance in kind; material help

le alluvioni	floods
i terremoti	earthquakes
zona (regione) sinistrata	disaster area
gente sinistrata (i sinistrati)	people affected by a disaster; disaster victims
i terremotati	earthquake victims
il maremoto ('lo tsunami')	the tsunami ('seaquake')
il terrorismo	terrorism
le guerre civili	civil wars
l'oppressione	oppression
le mine terrestri	land mines
i campi minati	minefields
i profughi	refugees
un rifugio	a shelter
l'asilo politico	political asylum
il razzismo	racism
la discriminazione	discrimination
le epidemie	epidemics
l'AIDS	AIDS
l'aviaria (l'inflenza aviaria)	bird flu
l'afta epizootica	foot and mouth disease
il morbo della mucca pazza	mad cow disease
misure di prevenzione	preventative measures
per il controllo dell'infezione	for the control of the infection
la vaccinazione	vaccination
l'isolamento	isolation

nel mondo di oggi esistono molti problemi	in today's world there are (there exist) a lot of problems
molta gente povera muore di fame	many poor people die of hunger
ma nei paesi ricchi la gente mangia troppo	but in the rich countries people eat too much
le guerre sono causa di molti disagi	wars are the cause of many hardships
altri problemi derivano da calamità naturali	other problems stem from natural calamities (disasters)
la gente nelle zone sinistrate soffre molto	the people in the disaster areas suffer greatly
la miseria si trova dappertutto	poverty is to be found everywhere
le malattie infettive vanno (devono essere) combattute	infectious diseases have to be combatted
prendiamo misure per combattere le epidemie	let's take measures to combat epidemics
ci vuole molta cooperazione internazionale	we need a lot of international cooperation
la collaborazione internazionale è essenziale	international cooperation is essential

i ricchi devono aiutare i poveri	the rich have to help the poor
la classe politica deve fare il suo dovere	politicians have to do their duty
gli enti internazionali fanno grandi sforzi	the international agencies put in a lot of effort
per far fronte ai problemi mondiali	to face up to world problems
e per superare le difficoltà	and to overcome the difficulties
speriamo in bene!	let's hope for the best!
il mondo è diviso da disuguaglianze/ ineguaglianze	the world is split by inequalities
in mezzo a sovrabbondanze ci sono carestie	in the midst of overabundance there are famines
alluvioni da una parte, siccità altrove	floods in one place, drought elsewhere
miseria circondata da ricchezze	poverty surrounded by riches
gente pacifica in preda a guerre	peaceful people a prey to wars
che lasciano campi minati in eredità	which leave a legacy of minefields
paesi a redditi più bassi con debiti internazionali sempre più onerosi	lowest income countries with ever more burdensome international debts
bambini sfruttati	children exploited
'nelle zone povere i bambini se lavorano muoiono di fatica; se non lavorano muoiono di fame' (Boutros Ghali)	'in the poor regions children die of fatigue if they work, and die of hunger if they don't' (Boutros Ghali)
ci vuole solidarietà internazionale	there is a need for international solidarity
con aiuti mirati con accuratezza	with carefully targeted aid
queste ineguaglianze contribuiscono all'immigrazione di massa	these disparities contribute to the mass immigration
che vediamo in atto nei paesi sviluppati	that we see taking place in the developed world
alcuni governi cercano di distinguere tra immigrazione economica e asilo politico	some governments try to distinguish between economic immigration and political asylum
c'è la piaga del traffico umano	there is the plague of human trafficking
ogni settimana poveri immigrati clandestini muoiono annegati nel mare	every week poor illegal immigrants die in the sea
nel tentativo di attraversare il Mediterraneo in barche poco agibili	in the attempt to cross the Mediterranean in unsafe boats
i sopravvissuti vengono ricoverati in ospedale	the survivors are taken to hospital
o alloggiati temporaneamente in centri di accoglienza	or given temporary shelter in reception centres

tutti i governi lottano contro il razzismo e la discriminazione di natura etnica	all governments are fighting against racism and discrimination of an ethnic nature
con più o meno successo	with more or less success
è di fresca memoria l'epidemia della mucca pazza	the mad cow epidemic is a recent memory
a cui è seguita quella dell'afta epizootica	which was followed by the foot and mouth epidemic
ed ora c'è la minaccia dell'aviaria	and now there is the threat of bird flu
che è una infezione dei volatili causata da virus influenzali	which is an infection of birds caused by influenza viruses
può interessare tanto uccelli selvatici quanto volatili domestici	it can affect not only wild birds but also domestic poultry
le epidemie viaggiano oltre le frontiere	epidemics travel across frontiers
come polli, tacchini, anatre ecc.	such as chickens, turkeys, ducks etc.
con la rapidità degli aerei	with the speed of aircraft
è di fresca memoria l'epidemia della mucca pazza	the mad cow epidemic is a recent memory
a cui è seguita quella dell'afta epizootica	which was followed by the foot and mouth epidemic
ed ora c'è la minaccia dell'aviaria	and now there is the threat of bird flu
che è una infezione dei volatili causata da virus influenzali	which is an infection of birds caused by influenza viruses
può interessare tanto uccelli selvatici quanto volatili domestici	it can affect not only wild birds but also domestic poultry
come polli, tacchini, anatre ecc...	such as chickens, turkeys, ducks etc.
spesso mancano le strutture sanitarie	health facilities are often lacking
i soccorsi non arrivano nelle regioni remote	aid does not get to the remote areas
la lotta contro il terrorismo	the struggle against terrorism
coinvolge tutti	involves everyone
sono coinvolti i servizi segreti di tutti i paesi	the secret services of every country are involved
se si potesse vivere in pace sarebbe un bene	if we could live in peace it would be a fine thing

 www.onuitalia.it *The gateway site for the United Nations in Italy, with links to all the different UNO agencies and news on activities.*

14 Detti e proverbi

Like most other languages Italian has a vast repertory of proverbs and other sayings which form a natural part of normal speech. The following is only a small selection of those which are in such frequent use that they almost cease to be proverbs. Just as in English people will often only say one part of the proverb, the rest being tacitly understood, e.g. 'out of sight...', 'lontano dagli occhi...' They are very useful both in speaking and writing to give colour and naturalness to what you are trying to express.

The sayings (*detti*) are so ingrained that they no longer seem to have come from proverbs or to be metaphors.

All these phrases, once used, tend to stick in the mind without hard memorisation, and so give you a permanent store not just of vocabulary, but of language in action – turns of phrase that can be adapted to many a situation. Most of those listed here have an equivalent idea in English though, as you can see, they often, but not always, use a different image. In other words 'tutto il mondo è paese' – 'people are the same the world over' (literally 'the world's a village'.)

14.1 Proverbi — Proverbs

anno nuovo, vita nuova	new year, new life
batti il ferro finché è caldo	strike while the iron's hot
campa cavallo che l'erba cresce	live, horse, and you'll get grass
chi va piano va sano e va lontano	slow and steady wins the race (*lit.* he who takes his time is healthy and goes far)
con le buone maniere si ottiene tutto	good manners will take you anywhere
da cosa nasce cosa	one thing leads to another
fidarsi è bene, ma non fidarsi è meglio	you can never be too careful (*lit.* it's fine to trust, but better not to)
finché c'è vita c'è speranza	while there's life there's hope
frutto proibito, frutto saporito	forbidden fruit tastes sweeter
gallina vecchia fa buon brodo	the older the fiddle the better the tune (*lit.* the old hen makes good broth)
la goccia che fa traboccare il vaso	the straw that broke the camel's back (*lit.* the drop that makes the glass spill over)
(la parola è d'argento), il silenzio è d'oro	(words are silver), silence is golden
una parola tira l'altra	one word leads to another
i panni sporchi si lavano in famiglia	don't wash your dirty linen in public

l'abito non fa il monaco	it's not the clothes that make the man *(lit.* the habit maketh not the monk 'cucullus non facit monacum'*)*
la fretta è cattiva consigliera	look before you leap *(lit.* haste is a bad counsellor*)*
la notte porta consiglio	sleep brings wise counsel *(i.e.* sleep on it*)*
l'appetito vien mangiando	eating fuels the appetite
la speranza è l'ultima a morire	hope springs eternal *(lit.* the last to die*)*
l'occasione fa l'uomo ladro	opportunity makes the thief
lontano dagli occhi, lontano dal cuore	out of sight, out of mind *(lit.* far from the heart*)*
l'uomo propone, Dio dispone	man proposes, God disposes
mal comune, mezzo gaudio	trouble shared is trouble halved
non tutti i mali vengono per nuocere	every cloud has a silver lining *(lit.* not all evils come to bring harm*)*
meglio tardi che mai	better late than never
nel bisogno si conosce l'amico	a friend in need is a friend indeed
non c'è due senza tre	troubles come in threes *(lit.* never two without three*)*
non puoi veder il bosco se sei tra gli alberi	you can't see the wood for the trees
non stuzzicare il cane che dorme	let sleeping dogs lie
occhio per occhio, dente per dente	an eye for an eye, a tooth for a tooth
occhio non vede, cuore non duole	what the eye doesn't see, the heart doesn't grieve over
paese che vai, usanza che trovi	when in Rome do as the Romans do
pietra che rotola non fa muschio	a rolling stone gathers no moss
quando la nave affonda i topi scappano	rats scurry from a sinking ship
quando la pera è matura cade da sola	when the pear is ripe it falls by itself
ride bene chi ride ultimo	he who laughs last laughs best
se son rose fioriranno (se son spine pungeranno)	the proof of the pudding is in the eating *(lit.* if they're roses they'll bloom (if they're thorns they'll sting)*)*
si mangia per vivere, non si vive per mangiare	you eat to live, not live to eat
tutti i nodi vengono al pettine	(sooner or later) your sins will find you out *(lit.* all the knots get caught up in the comb*)*
tutto è bene quel che finisce bene	all's well that ends well
una mano lava l'altra (e tutte e due lavano il viso)	you scratch my back, I'll scratch yours *(lit.* one hand washes the other – and both together wash the face*)*
una mela al giorno leva il medico di torno	an apple a day keeps the doctor away

14.2 Detti

Sayings

piove sul bagnato	1. it never rains but it pours *(i.e.* used about a misfortune*)* 2. some people have all the luck *(i.e. used ironically about a piece of good fortune) (lit.* rain is falling on wet ground*)*
piovere dal cielo	to come out of the blue/from nowhere
come un fulmine a ciel sereno	like a bolt from the blue
tirare acqua al proprio mulino	to act in one's own interests
è acqua passata	that's all in the past; water under the bridge
con l'acqua alla gola	at one's last gasp *(lit.* with water up to the throat*)*
indebitato fino al collo	up to one's neck in debt
è la scoperta dell'acqua calda	it's obvious *(i.e. like discovering hot water)*
come due gocce d'acqua	like two peas in a pod *(lit.* like two drops of water*)*
fare un buco nell'acqua	to draw a blank; fail/get nowhere *(lit.* make a hole in the water*)*
in fretta e furia	in a tearing hurry
andare su tutte le furie	to go into a rage
cadere dalla padella nella brace	to jump from the frying pan into the fire
molto fumo, poco arrosto	all show and no substance; a lot of hot air *(lit.* a lot of smoke and no roast*)*
molto rumore per nulla	much ado about nothing
sbagliando s'impara	you learn from your mistakes
il rovescio della medaglia	the other side of the coin
avere i piedi per terra	to have one's feet on the ground; be practical
pestare i piedi a qualcuno	to get in someone's way; be annoying
partire con il piede giusto (sbagliato)	to set off on the right (wrong) foot

fare il passo più lungo della gamba	to overreach oneself; bite off more than one can chew (lit. take a step longer than one's leg)
essere in gamba (in gambissima)	to be on the ball/switched on/smart (also healthy, fit)
a(d) occhio e croce	at a guess
siamo al bivio	we're at the crossroads (i.e. faced with a choice)
ognuno va per la sua strada	everybody goes his own way
fare il/un doppio gioco	to double-cross
essere alla frutta	to hit rock bottom/have no more to offer (lit. to have reached the fruit, i.e. the end of the meal)
arrivare alla frutta	to turn up at the end
con le spalle al muro	with one's back to the wall
prendere qualcuno/qualcosa sottogamba	to underestimate someone/something
parlare a quattr'occhi	to speak privately/in confidence (between two people) (lit. for four eyes only)
detto fatto	no sooner said than done
non è né carne né pesce	it's neither fish nor fowl
se non è vero è ben trovato	it may not be true but it's a good story (lit. if it's not true it's well invented)
non so più che pesci pigliare	I don't know which way to turn (lit. I no longer know which fish to take)
fare buon viso a cattiva sorte/a cativo gioco	to put a brave face on things; make the best of a bad job; grin and bear it
cercare il pelo nell'uovo	to split hairs
per un pelo	by a hair's breadth
non vendere la pelle dell'orso prima di averlo ucciso (preso)	don't count your chickens before they are hatched (lit. don't sell the bearskin until you've killed it)
rimanere con un pugno di mosche	to finish up with a handful of dust (i.e. empty-handed)

14.3 Qualche esclamazione!   A few exclamations!

macché!	no way!
nemmeno (neanche) per sogno	no way! not even in your dreams!
altroché! (altro che!) (ti sei divertito? altroché!)	certainly! I should say so! (did you enjoy yourself? I should say so!/absolutely!)
BUT altro che divertirmi – mi sono annoiato.	enjoy myself? quite the opposite, I was bored.
magari!	if only!
magari fosse vero!	if only it were true!
BUT magari + *indic* (magari è vero)	maybe (maybe it's true)
accidenti!	good grief! etc
perbacco!	by Jove! Heavens! etc
oddio...	er... (searching for a word)
Dio! Dio mio! Dio buono ecc.	Oh God! my God! good God! etc. (dear me! *comes directly from* dio mio)
santo cielo!	good heavens etc
caspita!	good grief! etc
che diavolo!	oh hell!
che diavolo stai facendo?	what the devil are you doing?
al diavolo... (*e.g.* i soldi)!	to hell with... (*e.g.* the money)!
giù le mani!	hands off!
mannaggia!/mannaggia la miseria	damn! blast! etc
porca miseria!	damn! etc
però! dai! ma dai! ma va'!	you don't say! come on! go on! you're kidding!
piano!	go easy! slow down!
basta!	that's enough!